林业产业发展理论文库

# 中国木材产业资源基础研究

印中华　宋维明　著



中国林業出版社

**图书在版编目（CIP）数据**

中国木材产业资源基础研究/印中华，宋维明著．—北京：中国林业出版社，2009.9
（林业产业发展理论文库）
ISBN 978-7-5038-5452-1

Ⅰ．中…　Ⅱ．①印…②宋…　Ⅲ．木材工业－研究－中国　Ⅳ．F426.88

中国版本图书馆 CIP 数据核字（2009）第 153100 号

出　版　中国林业出版社（100009　北京西城区刘海胡同 7 号）
网　址：www.cfph.com.cn
E-mail　forestbook@163.com　电话　010－83222880
发　行：中国林业出版社
印　刷：北京林业大学印刷厂
版　次：2009 年 9 月第 1 版
印　次：2009 年 9 月第 1 次
开　本：787mm×960mm　1/16
印　张：12
字　数：172 千字
印　数：1～1000 册
定　价：45.00 元

# 序

印中华、宋维明的著作《中国木材产业资源基础研究》将要出版，约我写个序。由于在中国林业产业协会工作，常常要对行业发展中的理论问题进行一些思考。读了《中国木材产业资源基础研究》一稿后，确有一些体会，在这里总结一下作为序。

木材产业虽属资源型产业，但却不同于矿产业，其利用主体是可更新的森林资源。在金属、矿物、木材和有机合成材料等四大原材料中，木材是唯一可再生的资源。同时，因为木材产业与森林资源相联系，因此它又同时具有生态功能、经济功能和社会功能，在国民经济和社会发展中，有着不可替代的战略性位置，起着重要的作用。

近年来，随着我国经济的迅速成长，木材产业也获得了前所未有的发展。这种高速发展，一方面推进了以木材加工为主要内容的产业的扩张和积累，另一方面也引起了木材资源供给的矛盾。对于资源型的木材产业也来说，资源供给存在矛盾显然是一个致命的问题。考察我国木材产业发展的历史，可以认为，直到今天产业发展的模式都是资源密集型的或者说是资源导向型的。正是利用廉价的森林资源和劳动力，才形成了中国木材产品在国际市场上的比较优势，才有了中国木材贸易蓬勃发展的局面。也正是在木材产业迅速成长的同时，一个十分严峻的问题逐渐浮现了出来。20 世纪末，为了保护生态环境，国家施行了天然林资源保护工程，对天然林全面禁伐，国内木材资源供给急剧下降，促使木材资源的获取转向国际市场。在木材加工业高速发展的推动下，木材资源的需求也不断增长，导致我国木材产业对国际木材资源依赖程度不断提高。在此背景下，国际社会，尤其是一些国际环保组织，将中国进口木材资源的增长与国际生态环境的恶化问题相联系，给中国的国际影响带来了不小的压力。从实际看来，我国木材产业正处在成长时期，也是形成国际竞争力的关键时期，从产业规模到产业素质都还需要更进一步的发展和增强，在一个相当长的时期内不可能减少对木材资源的需求，因此资源供给问题将长期存在。

从战略上思考解决资源供给问题，除了充分认识国内森林资源培育的重要性和在资源供给中的决定性位置，探索实现资源自给途径外，还需要在转变资源投入的结构方面做一些更深入的研究，如：在物质性资源，包括木材资源、不变资本和一般性劳动力等投入增长水平相同的水平下，如何使木材产业的产出效率更高，或者通过非物质性资源投入的增加，保证木材产业竞争力培育更有效并可持续。站在战略高度看木材产业发展问题，可能更应当重视产业资源基础的变革。因为，建立在一般木材资源和廉价劳动力资源基础上的木材生产优势，是短期的、不可持续的。但是，如果将这些物质性的资源和一般劳动力资源与先进的技术、创新性的智力资本和有效地金融机制和能力结合起来，产业所形成的优势就可能是长期的、可持续的，并且是不断增强的。这里提及的技术、智力资本和金融能力等，正是区别于一般物质性资源的“创出性资源”。国内外产业发展的实践证明，“创出性资源”的规模和水平，是决定产业竞争优势水平和持久性的关键资源。

2008 年爆发的世界金融危机，对我国木材产业的冲击十分严重，产业损失触目惊心。如果从我国木材产业自身来查找原因，产业素质和产业结构的水平、产业发展对物质资源的过度依赖等是十分突出的问题。而这些问题的根源恰恰与木材产业长期以来缺乏对产业“创出性资源”的培育和积累有直接的关系。因此，要提高木材产业或者木材企业抵抗外部冲击的能力，提高产业的竞争力是根本，这就需要培育以“创出性资源”为主的产业资源基础。印中华、宋维明的著作《中国木材产业资源基础研究》，在这个问题上进行了比较深入和系统的探讨，提出了许多新的观点。相信这本书对从事与木材产业相关工作的学者、管理者和企业经营者等会有所启示。

中国林业产业协会秘书长 

2009 年 6 月 25 日

# 前　言

关于对木材产业资源基础问题的思考，最初还是受美国波特教授的竞争力理论的启示。波特认为，影响产业竞争力的资源可以分为两大类，一类是物质性资源，另一类是非物质的创出性资源。前者是产业生存的基础，形成产业的比较优势；而后者则是产业发展的基础，形成产业的竞争优势。用这个理论观点考察中国的木材产业，发现有许多值得思考和研究的问题。

木材产业是中国经济体系中不可或缺的重要部分。改革开放以来，中国木材产业发展迅速，生产能力得到极大的扩张和释放。中国现已成为世界木质林产品生产和出口大国。但是，产业大国并非产业强国。长期以来，中国木材产业的发展是建立在原始性资源的大量消耗和低效利用基础上的，木材产业的发展更多的是“量”的扩张，而非“质”的提高。这种原始资源基础的产业发展方式不能提升木材产业的竞争力，也无法支撑木材产业的可持续发展。

考察我国木材产业发展的实践，木材资源、劳动力资源和物质资本资源等原始性产业资源，对近年来产业的发展做出了巨大的贡献。但是，随着整个国民经济水平的提高，产业发展的环境和资源素质要求也在不断地提高，原始性资源对产业发展动力作用的局限性越来越明显。表现在：木材资源投入规模不断膨胀而供给严重依赖进口；劳动力成本优势虽然明显但在逐步丧失；物质资本投入规模扩大但配制效率低下等。显然，改变产业发展的资源基础，成为木材产业冲破传统发展模式重要的途径。

根据波特的观点，形成产业的竞争优势，首先要建立创出性资源为主的产业资源基础。同样，培养我国木材产业的竞争优势也需要重视产业创出性资源的培育，实现产业资源基础的转换。在本书中，将技术资源、智力资本和融资能力三个方面作为木材产业创出性资源的内容，研究了创出性资源与木材产业之间的关系，即：技术资源与产业发展具有较强的相关关系，智力资本具有边际收益递增的特性，融资能力为产业发展提供金融资本的支持。因此，创出性资源的优势可以充分弥补原始性资源的劣势，成为支撑中国木材产业可持续发展的基础。正是基于这一结论，本书探讨了实现中国木材产业资源基础转换的路径。

根据木材产业的原始性资源与创出性资源的对应关系，书中提出了资源基础转换的六个路径，即：由劳动密集型向技术密集型转换，由人力资源向智力资本转换，由物质资本向智力资本转换，由一元融资向多元融资转换，由天然林材种为主向人工林材种为主转换，由规模不经济向规模经济转换。这六个方面的转换，实际上也是木材产业升级的过程，这个过程目标实现的效率，取决于政府、产业组织和企业组织努力的程度和效率。2008 年发生的世界金融危机，对我国木材产业的冲击前所未有，但是同样也带来了千载难逢的发展机遇。特别是对产业的技术结构和水平的调整来说机会难得，产业资源基础的转换有了现实的空间。

本书是教育部博士点专项基金项目“中国木材产业资源基础转换研究”的主要研究成果，并且是在印中华博士论文的基础上修改、充实后成书的。在成书过程中，首先要感谢中国林业产业协会王满秘书长为本书作序。在编写过程中，作者参阅和引用了大量国内外相关文献，因此在这里要感谢所有被参阅文献的作者。同时，也要感谢为本书写作提供过帮助的北京林业大学林产品贸易研究中心的同事们。

鉴于木材产业资源基础问题的复杂性以及作者自身水平的局限性，本书难免有缺憾之处，敬请各位读者指正。

著 者

2009 年 6 月 20 日

# 目　录

# 绪　论

## 一、研究的背景

### （一）木材产业在国民经济中的地位

凡是具有完整经济体系的国家，木材产业在其国民经济中均具有不可替代的地位。提升木材产业的竞争力，已成为很多国家提高综合国力的战略选择之一。这是由木材产业的特殊性决定的，表现在：

（1）木材需求的不可替代性。首先，木材是典型的可持续、可循环的绿色材料，可以实现资源的永续利用。随着人们生活水平的提高及生态环保意识的增强，人们的绿色支付意愿明显提升（孙华，2007）。木质林产品消费的水平正在逐渐成为衡量人们生活水平的标志性因素。因此，国际上通常把木材产业誉为常青工业。其次，木材具有多种优异性能。木材不仅隔热保温、易于加工，而且具有优越的强度性能和天然美丽的纹理，是建筑、制浆造纸、家具和室内装饰等领域的上等材料。因此，一些发达国家大力提倡“以木代塑”、“以木代钢”，积极推动“木文化”。可见，木材将成为人们生活中不可或缺的原始性资源。

（2）木材产业的不可或缺性。林业发展的历史规律已经证明，林业的可持续发展必须以木材产业为支撑，森林资源的培育必须依靠木材产业来拉动。事实上，林业绝大部分产值是由木材产业实现的。按照联合国粮农组织的统计，在全球林业总产值中，木材产业产值所占比重高达77.0%，而营林业产值只占23.0%，尤其在发达国家，木材产业占林业总产值的比重高达90.9%（李相钊，2005）。这表明，木材产业在林业中占有极其重要的地位，木材产业的状况是衡量一国林业发展水平的重要指标。

## （二）木材产业发展现状

### 1. 产业规模的扩张

20世纪80年代以来，随着市场经济体制改革的不断深入，在国民经济中占有特殊位置的木材产业迅速成长，逐步形成了以木材加工业、家具制造业和造纸及纸制品业为主体的产业发展格局。中国木材产业的发展，可以从木质林产品的产量变化上得到充分体现。

中国胶合板产量从1981年的35.11万$m^3$增至2006年的2728.78万$m^3$，年均增长19.02%；纤维板产量从1981年的56.83万$m^3$增至2006年的2466.60万$m^3$，年均增长16.28%；刨花板产量从1981年的7.67万$m^3$增至2006年的843.26万$m^3$，年均增长20.68%（表1）。2006年

**表1　1981～2006年中国人造板产量**

Tab. 1　Production of wood-based panel in China from 1981 to 2006

| 年份 | 胶合板 | | 纤维板 | | 刨花板 | |
|---|---|---|---|---|---|---|
| | 产量（万$m^3$） | 增长率（%） | 产量（万$m^3$） | 增长率（%） | 产量（万$m^3$） | 增长率（%） |
| 1981 | 35.11 | — | 56.83 | — | 7.67 | — |
| 1982 | 39.41 | 12.25 | 66.99 | 17.88 | 10.27 | 33.90 |
| 1983 | 45.48 | 15.40 | 73.45 | 9.64 | 12.74 | 24.05 |
| 1984 | 48.97 | 7.67 | 73.59 | 0.19 | 16.48 | 29.36 |
| 1985 | 53.87 | 10.01 | 89.50 | 21.62 | 18.21 | 10.50 |
| 1986 | 61.08 | 13.38 | 102.70 | 14.75 | 21.03 | 15.49 |
| 1987 | 77.63 | 27.10 | 120.65 | 17.48 | 37.78 | 79.65 |
| 1988 | 82.69 | 6.52 | 148.41 | 23.01 | 48.31 | 27.87 |
| 1989 | 72.78 | -11.98 | 144.27 | -2.79 | 44.20 | -8.51 |
| 1990 | 75.87 | 4.25 | 117.24 | -18.74 | 42.80 | -3.17 |
| 1991 | 105.40 | 38.92 | 117.43 | 0.16 | 61.38 | 43.41 |
| 1992 | 156.47 | 48.45 | 144.45 | 23.01 | 115.85 | 88.74 |
| 1993 | 212.45 | 35.78 | 180.97 | 25.28 | 157.13 | 35.63 |
| 1994 | 260.62 | 22.67 | 193.03 | 6.66 | 168.20 | 7.05 |
| 1995 | 759.26 | 191.33 | 216.40 | 12.11 | 435.10 | 158.68 |

（续）

| 年份 | 胶合板 | | 纤维板 | | 刨花板 | |
|---|---|---|---|---|---|---|
| | 产量（万 $m^3$） | 增长率（%） | 产量（万 $m^3$） | 增长率（%） | 产量（万 $m^3$） | 增长率（%） |
| 1996 | 490.32 | -35.42 | 205.50 | -5.04 | 338.28 | -22.25 |
| 1997 | 758.45 | 54.68 | 275.92 | 34.27 | 360.44 | 6.55 |
| 1998 | 446.52 | -41.13 | 219.51 | -20.44 | 266.30 | -26.12 |
| 1999 | 727.64 | 62.96 | 390.59 | 77.94 | 240.96 | -9.52 |
| 2000 | 992.54 | 36.41 | 514.43 | 31.71 | 286.77 | 19.01 |
| 2001 | 904.51 | -8.87 | 570.11 | 10.82 | 344.53 | 20.14 |
| 2002 | 1135.21 | 25.51 | 767.42 | 34.61 | 369.31 | 7.19 |
| 2003 | 2102.35 | 85.19 | 1128.33 | 47.03 | 547.41 | 48.23 |
| 2004 | 2098.62 | -0.18 | 1560.46 | 38.30 | 642.92 | 17.45 |
| 2005 | 2514.97 | 19.84 | 2060.56 | 32.05 | 576.08 | -10.40 |
| 2006 | 2728.78 | 8.50 | 2466.60 | 19.71 | 843.26 | 46.38 |

注 a：数据来源于 2007 年中国林业发展报告。

中国人造板产量达到 4170 万 $m^3$，超过美国，成为世界人造板第一生产大国（张莉，2008）。中国家具产量从 1985 年的 1.16 亿件增至 2006 年的 4.16 亿件，年均增长 6.26%；纸及纸板产量从 1981 年的 540.00 万 t 增至 2006 年的 6863.00 万 t，年均增长 10.70%（表 2）。

由于中国木材产业产能巨大，国内市场无法全部消化，国际市场就成为中国木质林产品销售的重要市场。可以说，木材产业的发展推动了木质林产品出口贸易的快速增长。2000～2006 年中国木质林产品出口额年均增长 29.00%，其中：木制家具出口额年均增长 31.89%，人造板出口额年均增长 60.61%，纸和纸制品出口额年均增长 29.48%（表 3）。可见，伴随着中国木材产业的强劲发展，木质林产品出口也获得了高速增长。

**表 2 1981～2006 年中国家具与纸类产品产量**

Tab. 2 Production of furniture and paper products in China from 1981 to 2006

| 年份 | 家具 | | 机制纸及纸板 | |
|---|---|---|---|---|
| | 产量（亿件） | 增长率（%） | 产量（万 t） | 增长率（%） |
| 1981 | NA | — | 540.00 | — |
| 1982 | NA | — | 589.00 | 9.07 |
| 1983 | NA | — | 661.00 | 12.22 |
| 1984 | NA | — | 756.00 | 14.37 |
| 1985 | 1.16 | — | 911.00 | 20.50 |
| 1986 | 1.20 | 3.16 | 998.00 | 9.55 |
| 1987 | 1.45 | 20.62 | 1141.00 | 14.33 |
| 1988 | 1.66 | 14.49 | 1270.00 | 11.31 |
| 1989 | 1.67 | 0.46 | 1333.00 | 4.96 |
| 1990 | 1.64 | -1.73 | 1372.00 | 2.93 |
| 1991 | 2.14 | 30.94 | 1479.00 | 7.80 |
| 1992 | 2.17 | 0.99 | 1725.00 | 16.63 |
| 1993 | 3.09 | 42.57 | 1914.00 | 10.96 |
| 1994 | 5.05 | 63.65 | 2138.00 | 11.70 |
| 1995 | 6.19 | 22.47 | 2812.00 | 31.52 |
| 1996 | 5.02 | -18.91 | 2638.00 | -6.19 |
| 1997 | 4.39 | -12.50 | 2733.00 | 3.60 |
| 1998 | 1.00 | -77.13 | 2126.00 | -22.21 |
| 1999 | 1.00 | -0.69 | 2159.00 | 1.55 |
| 2000 | 0.92 | -7.59 | 2487.00 | 15.19 |
| 2001 | 1.09 | 18.57 | 3777.00 | 51.87 |
| 2002 | 1.34 | 22.46 | 4667.00 | 23.56 |
| 2003 | 1.72 | 28.58 | 4849.00 | 3.90 |
| 2004 | 2.36 | 386.01 | 5413.00 | 11.63 |
| 2005 | 3.40 | -59.34 | 6205.00 | 14.63 |
| 2006 | 4.16 | 22.47 | 6863.00 | 10.60 |

注 a：数据来源于 2007 年中国工业经济统计年鉴；

注 b：NA 表示数值缺失。

**表 3　2000～2006 年中国木质林产品出口变化**

Tab. 3　Change of Chinese harvested wood product exports from 2000 to 2006

| 年份 | 木质林产品 | | 木制家具 | | 人造板 | | 纸和纸制品 | |
|---|---|---|---|---|---|---|---|---|
| | 出口额（亿美元） | 增长率（%） | 出口额（亿美元） | 增长率（%） | 出口额（亿美元） | 增长率（%） | 出口额（亿美元） | 增长率（%） |
| 2000 | 41.12 | - | 16.68 | - | 2.08 | - | 3.09 | - |
| 2001 | 45.78 | 11.33 | 18.52 | 11.00 | 2.58 | 23.82 | 4.15 | 34.27 |
| 2002 | 59.86 | 30.76 | 27.06 | 46.12 | 4.70 | 82.26 | 4.44 | 6.93 |
| 2003 | 78.86 | 31.75 | 38.16 | 40.98 | 5.36 | 14.18 | 6.00 | 35.03 |
| 2004 | 110.53 | 40.16 | 52.29 | 37.05 | 13.96 | 160.48 | 7.68 | 28.14 |
| 2005 | 144.09 | 30.37 | 68.43 | 30.86 | 22.94 | 64.24 | 10.61 | 38.06 |
| 2006 | 189.46 | 31.48 | 87.84 | 28.36 | 35.71 | 55.72 | 14.57 | 37.38 |

注 a：数据来源于历年中国林业发展报告，经整理得到。

2. 产业竞争力

虽然中国已成为世界木材产业大国，但并非木材产业强国。中国木材产业的快速扩张是建立于大量消耗木材资源和劳动力成本低廉的基础之上的，这种粗放型的发展方式注定产业无法建立强有力的竞争优势，竞争力薄弱成为制约中国木材产业发展的主要障碍。一方面，中国木材产业仍处于低层次竞争力的阶段。由于中国拥有劳动力资源禀赋优势，长期以来中国木材产业采取的是低附加值的贸易战略，木质林产品出口主要依靠价格优势。由于木质林产品技术含量低、附加值低、同质性强，出口企业大多采取薄利多销的营销策略，恶性价格竞争频繁发生，导致贸易利益的大量流失。还有相当多的出口企业采取加工贸易模式。加工贸易是一种贴牌式生产活动，多是借助国外厂商及其销售渠道、品牌等间接进入国际市场，中国只能由此获得微薄的加工费用，木材产业自身并不能形成真正的国际竞争力。由于长期依赖低附加值的贸易战略，致使中国木材产业陷入价值链的低层次连续，导致木材产业竞争力始终处于低层次水平。另一方面，中国木材产业的竞争力不可持续。随着经济的增长和环保意识的增强，木材资源和劳动力要素在整个要素禀赋结构中将会变得相对稀缺，生产要素的价格也会随之提高，中国木材产业的价格优势将逐步丧失，导致产业竞争力大大削弱。因此，建立在木材资源和一般劳动力要素基础上的竞争力存在明显的不可持续性。例如，近年来中国家具制造业向越南的转移正是基于劳动力比较优势变化的结果。随着中国经济的发展，劳动力成本大幅提高，与越南相比，中国劳动力成本处于劣势，再加之越南经济环境的优化和基础设施的改善，逐渐具备了承接家具制造业转移的客观条件，促使中国部分已经失去劳动力成本优势的企业向越南迁移。

3. 金融危机与木材产业

自2008年世界金融危机爆发以来，国际木质林产品需求量大幅减少，中国木质林产品出口受到了重创。以江苏邳州为例，邳州是中国重要的多层板生产基地，年产各类胶合板800多万 $m^3$，其中80%的产品出口美国、欧洲和中东市场。受美国次贷危机影响，2007年至今，出口量萎缩了一半多，即使有少量的出口业务，也是亏本经营（左林丽，2008）。在世界金融危机的冲击下，中国木材产业要面临一场严峻的考验，木材产业现实中所反映出的问题，已经在危机的影响中显露出来。近十几年来，中国木材产业的确取得了突飞猛进的发展，但是从增长方式来看，主要是量的扩张，而不是质的改变，导致木材产业始终处于低层次、低附加值的连续，产品档次低，同质性强，技术含量少，依靠低廉的价格打开市场。由于没有形成竞争优势，对国际市场的占领没有根基。当国际市场发生变化时，木材产业表面上占领的市场就会转瞬间失去，导致产业受到冲击。这场危机对中国木材产业的危害是空前的，这恰恰反映了中国木材产业高速发展中的脆弱性。辩证地看，金融危机也促使人们反思中国木材产业发展战略存在的问题。在产量不断扩张，贸易不断增长的情况下，人们不可能意识到单纯量的增长是有风险的和不可持续的。只有当推动量的增长条件和环境消失的时候，产业素质问题才可能受到人们的关注。金融危机充分说明建立比较优势不能支撑木材产业的可持续发展，构建竞争优势才是确保产业形成持久竞争力的基础。因此，危机也为中国木材产业调整和变革发展战略提供了机会和空间，实现由比较优势向竞争优势的过渡应成为今后中国木材产业发展战略的重心。

**（三）资源基础与产业竞争力**

产业的发展依靠产业的竞争力，而产业竞争力中最重要的部分是核心竞争力。核心竞争力具有四个特点，即：有价值的、稀缺的、难以模仿的和不可替代的。核心竞争力区别于一般竞争力的关键在于难以模仿的特点。如果竞争力是易于模仿的，那么竞争优势持续时间的长短就在于竞争对手模仿速度的快慢。因此，产业只有具备了核心竞争力，才能创造可持续的竞争优势。产业竞争力的形成来源于资源基础，这里的资源基础是一个广义的概念，不仅是指以实体形式存在的原始性资源，而且包括各种能力在内的创出性资源。无论是原始性资源，还是创出性资源，都是产业发展不可缺少的重要组成部分。产业发展从某种意义上说就是原始性资源与创出性资源彼此之间复杂互动的资源整合过程。创出性资源是企业长期积累下来的资产，与原始性资源相比，它们具有多方面的优势。首先，创出性资源以独特的方式存在，非常不容易被竞争对手了解和模仿。其次，创出性资源在使用中不会被消耗掉，事实上，如果运用得当，创出性资源在激烈的市场竞争中还可以获得增长。再次，创出性资源的合理运用，可以实现产品创新，提高劳动生产率，进而增加原始性资源单位投入的附加值。正是由于创出性资源的独特优势，决定了创出性资源成为核心竞争力的源泉。

资源整合方式的差异是产业竞争力的决定性因素。以原始性资源为主导的产业发展方式可以建立比较优势，但是缺乏持续而强劲的竞争力，而以创出性资源为主导的产业发展方式才是构建产业竞争优势的关键。可见，资源基础是关系到产业竞争力的核心问题，是关系到产业发展战略的关键问题。

综上所述，木材产业是中国经济体系中不可或缺的重要产业，资源基础是木材产业形成可持续竞争力的核心问题。因此，中国木材产业资源基础的研究对于转变产业发展方式，构建木材产业的竞争优势，具有十分重要的意义。

## 二、研究目的及要解决的问题

### （一）研究目的

资源基础是关系到中国木材产业生存与发展的战略问题，是关系到木材产业构建持久竞争力的关键问题。目前，中国木材产业尚处于利用比较优势参与国际竞争的发展阶段，虽然比较优势较为明显，却不能在此基础上构建持久的产业竞争力。因为这种比较优势通常是建立在以物质资源为特征的原始资源基础上的，这种比较优势对市场环境的依赖比较强，是相对静态性的优势，当国内外市场环境发生变化时，这种比较优势就可能因不适应而使企业失去竞争力。

本书写作的目的，就是要利用资源观的战略管理理论、生产要素理论和新经济增长理论，结合中国木材产业发展的实际，通过对中国木材产业资源基础进行系统而深入的研究，来揭示原始性资源与创出性资源对木材产业竞争力形成的不同作用，论证创出性资源是构建产业竞争优势的基础，是推动产业可持续发展的核心力量，因此，中国木材产业必须实现资源基础转换。并在此基础上，结合中国木材产业的主要特点，提出资源基础转换的途径和政策支持体系。

### （二）要解决的问题

#### 1. 产业的优化升级问题

根据经济发展的一般规律，产业的优化升级是从自然资源密集型向资本密集型转变，再向技术密集型转变的发展过程。随着优化升级，产业竞争的条件将会从比较优势向竞争优势转变，这个转变也将使产业的竞争力大大提高。目前，中国木材产业总体上尚处于以自然资源为主要发展条件，以低层次、低附加值价值链连续为循环特征的阶段。要突破这个阶段，需要通过推进资源基础转换，加速实现向高层次、高附加值价值链连续的产业循环阶段跃迁。在资源基础转换的过程中，促使木材产业实现由劳动密集型向资本密集型，最终向技术密集型的转变。因此，资源基础转换的过程就是木材产业优化升级的过程。探讨这个过程的实现规律，是有理论和现实意义的。

#### 2. 生产要素的合理配置问题

资源概念的提出实际上是从战略管理的角度，对生产要素的再认识。将资源划分为原始性资源和创出性资源，并分别研究两类资源与产业发展的关系，是基于资源战略理论，对生产要素进行重新分类，并判断各种生产要素在产业发展中的作用。资源基础转换就是通过资源的重组，构建产业的持久竞争力。资源重组的过程实际上就是生产要素重新配置的过程。因此，对中国木材产业资源基础的研究有利于从战略的高度实现生产要素的合理配置。

3. 产业政策的科学制定问题

产业政策是指国家规划、参与和诱导产业形成和发展的一种政策，其目的在于引导社会资源在产业部门之间以及产业内部的优化配置，建立高效益的均衡产业结构（田园，2006）。中国木材产业资源基础的转换，关系到产业持续竞争力的形成，需要有强有力的推动和支持，其中，产业政策的力量是十分关键的。产业政策的制定是建立在对产业发展的现实以及未来的变动趋势的科学把握基础之上的。因此，探讨木材产业资源基础转换推动力的源泉，揭示产业政策与市场力量在资源基础转换中功能的优势与局限性，分析产业政策对实施的可能性与可行性等，都将为产业政策的制定提供科学的和现实的依据。

## 三、主要内容与研究方法

### （一）主要内容

全书共分为九章。

第一章是国内外相关研究回顾与评价。概括国内外木材产业领域的研究成果，并梳理资源基础战略理论的发展脉络。本章主要是总结前人的研究成果及主要理论，旨在从中得出对中国木材产业资源基础研究的启示。

第二章开始进入研究的主要内容，对中国木材产业资源投入与配置的现状展开分析。根据资源在产业竞争力中的不同作用，资源可以分为原始性资源和创出性资源两大类。首先，基于原始性资源的视角，对木材资源、劳动力和物质资本投入与配置的现状进行了实证分析。其次，基于创出性资源的视角，对技术资源、智力资本和融资能力的现状展开了深入的研究。本章是全文立论的基础，为中国木材产业资源基础的研究提供现实依据。

第三章是原始性资源与产业发展。结合木材产业自身的特点，利用理论和实证相结合的方法，分别分析了木材资源、劳动力和物质资本与产业发展的关系，尤其是各类原始性资源在促进产业发展中的局限性。通过本章的研究，说明原始性资源是建立产业比较优势的基础，但无法为产业的发展提供可持续的竞争力。

第四章是创出性资源与产业发展。根据木材产业发展的规律性，通过理论分析和实证分析，分别研究了技术资源、智力资本、融资能力与产业发展的关系，尤其是各类创出性资源在促进产业发展中的优越性。通过本章的研究，说明创出性资源是构建产业竞争优势的基础，是形成产业可持续竞争力的主导力量。

第五章主要对资源在中国木材产业发展中的贡献进行实证分析，并创造性地提出了资源基础转换思想。本章是全文的核心，也是本研究的主要创新之一。首先，总结了资源与产业发展的理论关系。从边际收益、规模经济和外部性的角度，分别对原始性资源与创出性资源在产业发展中的贡献进行理论分析。通过对比，得出结论：原始性资源对产业发展的贡献是不可持续的，不能成为产业持续发展的推动力；创出性资源对产业发展的贡献是可持续的，是构建产业持久竞争优势的基础。其次，实际测定了各种资源对中国木材产业发展的作用。利用 Cobb-Douglas 生产函数和索罗余值法，选取时间序列数据和合成数据，分别对资源在木材产业三大行业发展中的贡献进行实证分析。根据实证分析结果，得出结论：原始性资源在中国木材产业发展中的贡献较大，而创出性资源的贡献较小。再次，解析了各种创出性资源在中国木材产业发展中的贡献。利用数据包络分析方法，选取合成数据，测算中国木材产业全要素生产率的变化及构成，从而得出结论：中国木材产业各种创出性资源发展不平衡，限制了创出性资源对产业发展的促进作用。最后，基于理论与实证分析的结果，针对中国木材产业的实际情况，提出了本书的核心思想——资源基础转换。通过构建资源基础判定系数，测定出中国木材产业仍处于以原始性资源为主导的发展阶段，说明中国木材产业的资源基础仍是原始性资源。由于建立在原始性资源基础上的产业发展具有很强的不可持续性，中国木材产业必须重新进行资源整合，建立全新的资源基础，实现以原始性资源为主导向以创出性资源为主导的产业发展方式转换。在此基础上，阐述了资源基础转换的目标，构建了资源基础转换的理论模型，并解释了资源基础转换的内涵。

第六章阐述了资源基础转换的路径，作为资源基础转换实施的指导方针。资源基础转换的路径包括六个转变，具体是指：由劳动密集型向技术密集型转变，由人力资源向智力资本转变，由物质资本向智力资本转变，由一元融资向多元融资转变，由天然林材种为主向人工林材种为主转变，由规模不经济向规模经济转变。通过六个转变，实现由原始性资源主导向创出性资源主导的转换。中国木材产业在资源基础转换的过程中会受到各种因素的制约和阻碍。

第七章从宏观和微观两个角度分析了技术进步的制约因素，从体制和管理两个角度分析了智力资本培育的制约因素，从外部和内部两个方面探讨了融资渠道多元化的制约因素，从内部规模不经济和外部规模不经济两个方面探讨了产业规模化经营的制约因素。通过全面、系统地分析中国木材产业资源基础转换的制约因素，总结出资源基础转换过程中需要克服的困难，从而为支持性政策体系的设计指明了方向。

第八章系统构建了中国木材产业资源基础转换的支持性政策体系。首先，从政府和企业两个方面，提出了促进技术进步的对策建议；其次，从政府和企业两个角度，提出了智力资本培育的对策建议；再次，从内源融资、权益融资和负债融资三个方面，提出了融资渠道多元化的对策建议；最后，从产业整合、产业集聚、行业倾斜、木材供给和市场培育等角度，提出了产业规模化经营的对策建议。

第九章为研究的主要结论。本章分别从中国木材产业资源的投入与配置、资源基础与产业竞争力的关系、中国木材产业资源基础的实证分析、资源基础转换思想的提出以及资源基础转换思想的实施等五个方面，归纳了全文的主要观点和结论。

### （二）研究的主要方法

#### 1. 理论演绎法

中国木材产业资源基础研究并不是坐而论道似的凭空演绎，而是建立在前人对这一问题的认识和判断基础上的。作者通过梳理学术界已有的研究成果，并对其进行归纳总结，找出一般性的理论观点并将其作为研究的思想基础。在此基础上结合中国木材产业的实际情况，对研究对象予以具体分析和逻辑思考，最终提出理论性结论。这个过程也就是理论演绎方法的运用过程。本研究也正是运用理论演绎的方法，借助资源战略、生产要素以及经济增长等理论的指导，系统分析并揭示了资源基础与产业竞争力之间的关系。

2. 实证分析法

理论演绎法的长处在于一般规律性的研究，分析过程具有很强的逻辑性，研究结论具有普遍适用性。但是，理论演绎法只适用于定性分析，缺乏对具体结论的精确验证。实证分析法可以有效弥补理论演绎法的不足。实证分析法采用数理模型，通过严密的数学运算，可以对具体问题进行定量分析，提出验证性的结论，提高结论的科学性。因此，实证分析法是理论演绎法的有益补充。通过理论演绎法和实证分析法的综合运用，可以实现对具体问题定性与定量的相互印证。本研究在理论演绎的基础上，充分运用实证分析法，结合大量相关数据和资料，以实证结果作为研究结论的主要依据。例如运用数理分析法，通过对 Cobb-Douglas 生产函数的扩展和变换，建立了木材资源基础的判定系数，并对木材产业资源基础进行量化测定，进而得出中国木材产业尚处于原始性资源主导的发展结论，并据此提出了资源基础转换的战略思想。

3. 比较分析法

比较分析法是确定事物之间异同关系的一种思维过程和方法，也是矛盾的同一性和对立性的直观运用。通过比较分析法的运用，可以在差异中求同一，以揭示事物的发展规律。本文充分运用了比较分析法，分别就原始性资源与产业发展之间的关系，创出性资源与产业发展之间的关系进行对比分析，在此基础上，实证分析了资源对木材产业发展的贡献，并通过对比分析原始性资源与创出性资源在木材产业发展中的不同作用，从中得创出性资源是构建产业可持续竞争力主导力量的结论。

# 第一章

# 国内外相关研究回顾与评价

## 一、概念的界定

### （一）木材产业的界定

1. 木材产业的定义

由于木材产业是一个全新的概念，对于木材产业的定义，学术界还没有统一的说法。学者们从各自的角度对木材产业进行了不同的界定。耿玉德认为，木材产业属于林业第二产业，具体是指利用取自于森林资源或其他行业的原始性资源进行加工生产的产业，包括各种资源的采伐、采集、加工利用、制造等（耿玉德，2002）。杨长峰认为，木材产业是指以满足人们木材类产品需求为目的，通过利用物理、化学加工手段，将树木的干、根、叶、果、液、皮加工成为市场需要的各种产品的加工制造业（杨长峰，2007）。李相钊认为，木材产业主要是指以木材和其他林副产品做为原料而进行生产的产业（李相钊，2005）。学术界对木材产业的定义较少，并且存在着界定过于笼统和宽泛的问题，尤其是将林产化工业划入木材产业的范畴，这显然是不合适的。因为木材产业针对的是木质林产品，而林产化工业生产的均为非木质林产品，所以林产化工业不属于木材产业的范畴。

作者认为，木材产业是指以木材为主要加工对象，通过利用物理、化学加工手段，将木材加工成为各种木质林产品的制造业的总称。木材产业涵盖的范围，包括木材加工业、家具制造业、造纸及纸制品业三大行业。其中，木材加工业主要生产锯材、单板、人造板、木地板和木制品等产品，家具制造业主要生产各式家具及其配件等产品，造纸及纸制品业主要生产木浆、纸及纸制品等产品。

2. 木材产业的特征

木材产业资源基础研究必须在把握木材产业特征的基础上进行。木材产业在国民经济产业体系属于第二产业，所以它具有制造业的基本特点，同时木材产业是林业的重要组成部分，因此又具有与林业相关的特征，表现在：

（1）木材产业对其上游产业具有极强的依赖性。木材作为加工对象，是木材产业主要的原料，构成了木材产业得以存在的物质前提。因此，木材产业对其上游产业的森林培育业具有极大的依赖性或关联性。首先，森林培育业所提供的林木资源的数量多少，对木材产业的发展起着促进和制约作用；其次，森林培育业所提供的林木资源的质量好坏，直接影响着木材产业产品的品质和成本，进而决定着产品的市场竞争能力和经济效益。可以说，森林培育业是木材产业发展的前提和基础。

（2）木材产业对其上游产业、下游产业具有向前推动和向后拉动作用。木材产业发展对森林培育业具有极强的依赖性的同时，对其发展也具有推动性，木材产业的发展是森林培育业发展的市场，同时木材产业还是森林培育业投入的积累源泉。木材产业作为“中间产业”，为建筑业、造船业等相关下游产业提供产品，进而拉动相关下游产业的发展。

（3）木材产业要素具有多样性的特征。构成产业的基础要素有土地、资本、技术、劳动力。这些要素往往在一个具体产业中有一定的构成，几种基础要素可在一个产业中有多种组合构成。木材产业要素特征区别于一般的“中间产业”，在其产业内部的行业具有不同的要素特征。如按成本构成法总体来看，家具制造业具有劳动密集型的特征，木材加工业兼有劳动密集型和资本密集型的特征，造纸及纸制品业多为资本技术密集型的特征。

（4）木材产业分布具有原料指向性和市场指向性的特征。产业分布特征主要是指产业的区位指向，即产业根据经济效益最大化的内在要求，对生产经营因素所需出的特殊考虑，而在空间分布上采取的一种倾向性。木材产业分布具有多指向性的特征，表现在木材加工业、造纸及纸制品业的分布多靠近木材产地，而家具制造业的分布多靠近消费市场。这主要是由于木材加工业、造纸及纸制品业对木材的依赖性较强，而家具制造业对销售渠道的需求更大。

## （二）资源概念的界定

### 1. 资源的定义

资源是企业资源理论分析的基本单元，对企业资源的准确界定是企业资源理论研究的起点。按照 Wernerfelt B（1984）的说法，企业资源是“任何可以被看成是某给定企业优势或劣势的东西，更正式地说，一企业在某给定时刻的资源可以被定义为那些半永久性附属于企业的有形资产和无形资产”。Barney J B（1991）随后扩展了这一概念，认为企业资源包括“企业控制的能够使企业制订和实施提高其效率和效果的战略的所有资产、能力、组织流程、企业属性、信息、知识等。用传统战略分析的话来讲，企业资源是企业在制订和实施其战略时可资利用的力量”。Collis D J 等（1995）认为，资源是指企业所拥有的大量独特的有形资产、无形资产和组织能力。除了上述企业资源的经典定义之外，其他学者根据其研究目的或是阐述问题方式的不同，也对企业资源进行了广泛定义。一些被经常引用的定义有：Grant R M（1991）认为，资源是生产过程的要素投入，包括机器设备、专利、品牌和雇员的个人技能等，其本身很少具有生产性。Amit R 和 Schoemaker P J H（1993）认为，资源是企业拥有或控制的要素存量，通过与其他企业资产的协同使用以及诸如技术、管理信息系统、激励机制、管理层与员工之间的信任等联结机制，资源被转换成最终的产品或服务。

从以上研究人员对企业资源的定义看来，企业资源是一个很广的范畴，几乎所有的企业内部要素和特性都可以囊括进去。然而，尽管上述对企业资源的定义在内容上看来十分复杂，但其描述的资源是静态的、相对分割和独立的，并没有触及企业竞争优势的内部来源本质。产业是同类企业群体的总称，是国家经济宏观调控的对象。与企业相比，产业资源基础的研究更加具有政策意义。综合前人的观点，作者认为资源论仅仅将企业作为资源问题研究的对象是有局限性的。从建立可持续竞争力的角度考察，将资源问题的研究放在一个产业的层次上去研究和考虑可能具有更大的意义。因此，作者认为，资源可以看作是产业用以为消费者提供有价值的产品和服务的生产要素和使用这些生产要素的能力的总和。必须明确的是，这里将“企业能力论”纳入到“资源基础论”的研究范畴，因而所提到的资源是一个相当宽泛的概念，它不仅包括传统意义上的生产要素，还包括企业运用生产要素的各种能力。

2. 资源的分类

企业资源论将资源分成三大类：物力资本资源、人力资本资源和组织资本资源。其中，物力资本资源包括企业的厂房、设备、地理位置以及原材料的获取渠道；人力资本资源包括企业管理层和员工个人的训练、经验、判断、智慧、关系和洞察力；组织资本资源包括企业的正式报告结构、企业正式和非正式的计划、控制和协调系统，以及企业内部群体之间、企业和外部环境中的其他企业之间的非正式关系（Barney J B，1991）。从这里可以看到，传统的资源分类方法不能突出不同类型资源与产业竞争力之间关系的差异。因此，本研究针对资源在产业竞争力中的不同作用，将资源分为原始性资源和创出性资源。其中，原始性资源是指具有固定生产能力特征的实体资源。尽管原始性资源是企业制定战略所必须的，但是原始性资源很少成为企业竞争优势之源。当考虑资源的战略价值时，不仅要看账面上原始性资源的数目，而且取决于企业创出性资源的水平。创出性资源是运用、转换和整合原始性资源的能力，表现为利用原始性资源从事生产经营活动的有效性。创出性资源往往是企业在长期的经营实践中逐步积累起来的，在使用中不易被消耗掉，难以被竞争对手模仿，因而能够给企业带来更大的经济效益。原始性资源是外显、静态、有形的“被动资源”，创出性资源是潜在、动态、无形的“能动资源”。从某种意义上说，创出性资源比原始性资源更难取得，因而企业竞争优势的形成更多地放在创出性资源的获取上，而不是原始性资源的获取上。

**（三）竞争力概念的界定**

国内外学术界对产业竞争力的界定众说纷纭，还没有形成一个较为统一的观点。经济合作与发展组织（OECD，以下简称“经合组织”）基于可持续发展对产业竞争力的定义是面对国际竞争，支持产业在可持续发展的基础上进行较高的要素投入、生产和提高要素利用水平的能力。美国《贸易政策术语词典》基于经济效率对产业竞争力的定义是某一产业在经济效率上不被其他国家相同产业所击败的能力。国内学者穆瑞杰（2007）侧重于从比较生产力的角度对产业竞争力进行了定义。他认为，产业竞争力是指一国产业能够以比其他国家同一产业更有效的方式持续生产出消费者（包括生产性消费者）愿意接受的产品，并由此而获得满意的经济收益的综合能力。金碚（1997）从国际贸易的角度对产业竞争力进行了界定。他认为，产业竞争力是指在国际间自由贸易条件下（或在排除了贸易壁垒因素的假设条件下），一国特定产业以其相对于他国的更高的生产力，向国际市场提供符合消费者（包括生产性消费者）或购买者需求的更多产品，并持续地获得盈利的能力。

学术界对产业竞争力的界定没有显示出资源在构建产业竞争力中的基础性作用，不能满足这里对资源基础研究的要求。因此，为了弥补前人对竞争力概念界定的不足，作者从资源基础的角度提出了产业竞争力的内涵，即：产业竞争力是指在特定环境中支撑某一产业持久发展的能力，这种力量来源于产业持续拥有的有价值的、稀缺的、超群的以及独特的资源所形成的产品或服务优势以及产业获取和创造这种资源的能力。

## 二、木材产业研究综述

### （一）国内木材产业研究回顾

1. 基于产业和产业竞争力的研究

耿玉德（2002）在其博士论文中提出了林业产业化的概念，并据此对林业产业化进行了深入的分析。他认为，实施林业产业化必须从宏观和微观上具备一定条件：从宏观上需要全社会对林业的全面认识、林业市场体系的完善、适度的政策扶持、加强领导与协调、建立完善的社会化服务体系等；从微观上要求林业企业自组织能力的提高、科技水平的提升、企业间关系的理顺等。为使林业产业化有效实施，从林业产业化效益、林业产业化程度、林业产业链效果三个方面建立了林业产业化评价指标体系，并从林业政策、林业企业科技创新、林业产业化运行机制、林业社会化服务体系四个方面，提出了实施林业产业化的对策措施。宋维明（2001）在其博士论文中首次提出并运用了木材产业的概念，并对中国木材产业的国际化与竞争力进行了较为系统的论述，并得出以下结论：第一，资源约束是目前困扰中国木材产业发展的主要障碍之一；第二，中国木材产业的现状决定了其国际化的起点只能是大力发展木质林产品的国际贸易；第三，在制定木材产业贸易战略时，必须充分考虑如何对待由于贸易自由化而带来的产业安全问题；第四，真正提高产业安全度，必须增强产业抵抗外部冲击和减少对外依赖的能力，即全面提高产业的国际竞争力。程宝栋（2006）对中国木材产业安全进行了较为系统的论述。他认为，产业安全是指在开放的竞争环境中，本国产业能够积极有效地开展国际贸易与利用外资，同时又能够保证产业权益、产业控制力不受损害，并使产业国际竞争力得到不断提高的状态。通过构建以产业国内生存环境、产业国际竞争力、产业对外依存度和产业受控制度为一级指标的安全评估指标体系，对中国木材产业安全状态进行评价，得出了中国木材产业处于不安全状态的理性判断。在此基础上，基于竞争优势理论，提出了以资源基础转换、产业集聚、产业规模化经营为基本变量的实现中国木材产业安全的理论模型。沈文星（2005）对木材加工产业发展制度创新进行了系统的研究。他从分析国内外研究的现状入手，运用新制度经济学理论、产业经济学等理论，结合木材加工产业发展现状，采取系统分析法、对比分析法和实证调研法，得出中国木材加工产业发展中存在的主要问题是：木材加工产业原材料基础不足；企业规模结构不合理，生产能力有限；产品品种结构不合理，产品质量差；技术装备落后。他认为，应该在林业产权制度、产业结构协调发展政策、环境保护政策、规范市场的管制政策、林产品贸易政策等方面进行有效的制度创新，以实现木材加工产业发展的社会、经济和生态目标。宋维明和程宝栋（2005）在《中国木材产业规模化经营的战略性思考》一文中，归纳了规模经济效应与产业成长的关系，分析了木材产业规模化经营对产业变革的意义。通过对中国木材产业规模化经营现状的分析，指出了当前所存在的问题：产业集中度较低，高产量与低效率并存，产业生产与资源保障脱节，产业专业化与协作水平低下。最后，就如何实现中国木材产业的规模化经营进行了战略设计，并从政策的支持与导向、市场环境建设等角度提出了战略实施的相关支持性条件。

2. 基于技术进步的研究

李林（2007）对林业技术创新支持政策进行了系统的研究，运用SWOT分析法深入分析了林业技术创新的优势、劣势、机会和威胁，并分析了林业技术创新的政府支持的缺陷或不足：政府的技术推广缺少考虑技术接受者的特点，政府补贴的不到位影响了林业科技人员前往林区从事技术创新的积极性，林业技术创新的管理体制是重技术而轻市场，知识产权保护的不到位极大程度上影响了林业科技人员创新的积极性，资金的风险性在一定程度上影响了林业科技人员创新的积极性等。在此基础上，提出了林业技术创新的政策支持系统。陈健（2005）对中国林业大中型工业企业技术进步的内在机制进行了系统的研究，提出了林业大中型工业企业技术创新动力机制的要点，即技术创新是把蕴藏在新技术中的潜在利润转变为现实利润的企业行为；追求利润最大化的企业行为目标是企业技术创新的必要条件；企业家作为技术创新的倡导者和实施者在企业的技术创新中起着关键性的作用，应该使企业家的利益与企业技术创新的收益尽可能对称，必须建立一种对企业家具有长期激励作用的制度安排。

3. 基于产业结构的研究

李元元（2006）对北京市林业产业结构优化及相关问题进行了系统研究，运用动态的定量分析方法，计算不同时段林业三次产业之间及各产业内部的灰色关联度，分析了北京市林业产业结构的发展势态。经过分析，得到以下结论：一是北京市林业产业结构格局有从目前的“一、二、三”逐渐转变为“三、一、二”的趋势；二是林业第一产业作为北京市林业发展的基础产业应该长期立足；三是林业第二产业从长期看发展潜力有限，但目前发展还很滞后，可适度挖掘产业发展空间；四是林业第三产业发展仍有很大的提升空间，特别是林业旅游业发展潜力很大，将成为北京市林业产业新的经济增长点。杨长峰（2007）对东北国有林区林产工业产业重构进行了系统的研究，通过对产业结构重构的研究，确定了人造板制造业为东北国有林区林产工业的主导产业，提出了林产工业产业结构的定位，并对其优化进行了探讨。通过对组织结构重构的研究，提出了组织结构重构的共生性横向一体化模式、纵向一体化模式、企业集团组织模式三种模式，同时，针对林产工业产业组织规模结构重构的原则，提出了规模结构重构的基本取向。在此基础上，提出了东北国有林区林产工业产业重构保障体系，并分别从政策保障、体制保障、科技保障和森林资源保障的角度对保障体系的构建进行了研究。

4. 基于木材供给的研究

程宝栋和宋维明（2006）在《中国木材产业资源基础及可持续性分析》一文中，通过分析国内木材资源与国际木材资源供给，得出结论：中国木材产业资源基础薄弱。并以实现资源基础可持续性为目的，论述了构筑中国木材产业资源基础的途径：一是人工林资源再造，二是城市废旧木材循环利用，三是加强木材节约代用，四是国际木材资源开发利用。宋维明和程宝栋（2004）在《关于中国木材贸易资源基础的思考》一文中，通过对中国木材产业参与国际贸易重要性的分析，指出其产业发展面临的资源矛盾，以及建立在传统资源基础上的木材贸易存在的问题。以解决木材产业的资源矛盾为出发点，提出并分析了建立木材产业资源基础的三种途径：一是现有资源开发和利用，二是资源再造，三是资源进口。在此基础上，得出结论：中国木材产业要获得长期、稳定的资源基础，就必须做到立足于木材资源进口、努力发展木材资源再造、不失时机地开发和利用现有森林资源。

5. 基于资本运营的研究

凌艳（2006）对中国林业企业融资渠道进行了深入的分析，总结了中国林业企业融资过程中存在着林业融资环境差，信贷成本高，融资抵押和担保政策存在缺陷，法律法规不完善，税务负担繁重和林业产业投入机制不健全等问题。在此基础上，分析了造成以上问题的原因。其内部原因是林业生产的弱质性和林业企业资本结构不合理，资源配置不完善，理财能力不强，管理制度落后，人员素质低下和部分企业信用观念缺失；外部原因是中国市场经济发展落后、政府宏观调控不力以及金融管理部门营运制度不完善。俞小平（2005）对中国林产品期货市场的发展进行了系统的研究。他认为，中国推出林产品期货很有必要。但是，由于中国林产品现货市场的基础薄弱、林业产业的市场化程度不高以及人们对期货的认识不足，林产品期货只能进行部分品种的试点，而不宜大规模推出。最后，提出了恢复胶合板期货的试点，待条件成熟后逐步开通木材、新闻纸等林产品期货的路径选择。薛艳（2006）对中国林业投融资问题进行了系统的研究，认为中国林业发展需要建立多元化的投融资体系架构，建议采取产业投资基金和资产证券化等金融工具，进一步拓宽林业的投融资渠道，保障林业产业的持续健康发展。

**（二）国外木材产业研究回顾**

1. 林产品贸易研究

林产品贸易是木材产业研究的热点问题，国外学者从各自的角度出发对林产品贸易的现状及发展趋势进行了研究。Peck T（2001）在《国际木材贸易》一书中对世界木材贸易整体概况做了比较全面的研究。首先，他从历史的角度对全球森林资源作了回顾；其次，对林产品的生产、消费和贸易方式及林产品作为商品群在国民经济和贸易中的整体重要性作了描述；再次，从地区之间及地区内部两个层面对贸易的方式和趋势作了细致的分析，对林产品主要贸易国的森林状况和贸易状况进行了分别研究；最后，考察了林产品的贸易结构、与贸易相关的市场特征、环境因素及对贸易的影响。针对世界林产品贸易的发展趋势，Bruce M 和 Philip W（1998）等学者利用计量经济模型进行了实证分析。在世界林产品贸易格局的变迁问题上，他们认为，全球林产品贸易的结构将发生转移，高附加值的林产品将会增多。针对世界林产品贸易量的增减问题，Bruce M 和 Philip W 运用全球林产品模型（GFPM），预测了2030 年世界林产品贸易格局的变化。他们指出，2030 年美国、日本和欧洲将继续保持进口，中国将成为最大的原木和工业木材的进口国，墨西哥将成为锯材和纸张的最大进口国，韩国将成为最大的纸浆进口国。美国的原木、纸和纸板的出口份额将会增加，但由于加拿大、芬兰等国家锯材的替代，锯材的出口份额将会下降。

对中国林产品贸易的发展前景的研究也很多，它们大多是对未来中国林产品贸易量进行预测。Katsigris E 和 Bull G Q 等（2004）认为中国的林产品贸易量将会减少，他们指出，中国的林产品贸易对亚太地区林产品供应国的林业经济造成了一定的影响，未来一段时期，除俄罗斯外，这些国家对中国的出口将会减少。因此，为了弥补中国的林产品供需缺口，中国应该增强国内供给能力或者寻求替代品。

Gan J B（2002）利用一般均衡模型分析了中国加入 WTO 后对全球林产品贸易的影响。结果表明，加入 WTO 后，中国林产品关税的减让将会提高中国对林产品的进口，降低林产品的国内市场价格，并提升北美洲和欧洲在中国林产品市场上的竞争力。虽然中国林产品关税的减让会影响到中国和其贸易伙伴国的贸易流向，但对世界林产品价格、产量和贸易的影响相对较小。

Tumaneng-Diete T 等（2005）利用 GTAP 和 GE 模型估计了菲律宾 20 世纪 50 年代实施的林业贸易政策对林业部门的影响。他认为，限制性贸易政策是引起经济扭曲的原因之一，造成社会福利和生产效率的损失，应该予以取消。

2. 林业政策研究

在林业政策的制定和实施方面，不少专家学者进行了理论分析和实证研究。Tollefson C（1998）在《森林的财富：市场、管理与可持续林业》一文中认为，北美洲的林业产业处在十字路口，林业政策正处在转变之中。他回顾了加拿大的林业政策，分析了政策失灵问题，对 20 世纪 70 年代中期以来变革的压力及其引发的政策改革进行了阐述，并提出了推动林业可持续发展的途径。作者详细地阐述了推动林业可持续发展的经济手段、宏观调控手段和结构性手段，对产权制度、社区政策和林价政策对林业可持续发展的影响进行了分析，论述了优先用途区划的必要性和意义，对传统的永续利用理论进行了重新认识，对生态认证的潜力进行了展望，同时，对管制、税费、补贴与环境保护的关系进行了阐述。

Merlo M 和 Paveri M（1997）在《林业政策的形成与实施：政策工具的组合使用》一文中概括了林业政策制定和实施的现状，认为在政策制定方面取得显著进展的同时，在政策实施上还存在着很多缺点。他们讨论了由于贫困或者由于未能实施而造成政策失灵的原因，并把注意力集中在林业政策手段上，认为政策手段对政策制定和实施都至关重要，处在林业政策过程的核心。通过对政策实施方面进行的科学调查，作者强调政策手段问题是如何被忽视的，进而对各种林业政策手段的性质进行了分析。

Mogaka H 等（2001）在《东非和南非社区森林的经济因素》一文中，对东非和南非国家社区参与森林可持续经营的经济问题进行了研究，分析了经济水平与森林状况之间的关系，森林退化和消亡的经济原因，经济激励的必要性和社区参与森林可持续经营的经济问题，对森林在国民经济中的地位、未纳入核算的国有林价值、社区森林的经济利益和代价进行了研究，认为经济政策与森林状况之间有密切的联系，经济环境是森林经营的决定性因素，在经济政策制定上应当考虑森林，经济手段影响着森林的经营利用，进而提出了确立林业政策的经济目标，实行利益分享，建立林业企业，开发替代产品，扩大经济措施对社区森林经营的影响等政策建议。

Buck A 等（2002）在《森林研究——世界变化中的挑战与观念》一文中，分别对社会需求与林业经济发展的条件，小规模林业和农村可持续发展，城市化社会中林业角色的变化，俄罗斯森林保护的国际目标等政策问题进行了研究。

**（三）国内外木材产业研究评述**

国内木材产业研究主要集中在产业竞争力、技术进步、产业结构、木材供给和资本运营等五个方面。由于中国木材产业仍处于低层次的低附加值的连续状态，因此学术界非常注重对中国木材产业存在问题的研究，往往利用大量的数据对木材产业存在的问题进行剖析，从中找出规律性的结论。可以说，国内对木材产业的研究集中于现实，具有很强的实践性。但是，国内研究尚存在一定的局限性。从研究内容上，国内学术界对木材产业生产要素的研究往往集中于某一方面，缺少对生产要素与木材产业关系的系统研究，因此没有从根本上解决生产要素配置与木材产业发展的问题。从研究方法上，国内学术界大多使用数据描述和理论推断的定性分析方法，缺乏可靠的实证分析，因此在一些问题的分析上缺乏说服力。

国外相关研究主要集中在林产品贸易和林业产业政策两个领域，国外对林产品贸易的研究，主要关注世界林产品国际贸易结构、贸易格局和发展趋势等方面。国外对林业产业政策的研究，主要关注森林合理经营与林业可持续发展等方面。国外学者通常采取理论与实证相结合的方法，对林产品贸易的变化趋势以及林业产业政策的效果进行预测。可以说，国外相关研究集中于未来，具有很强的前瞻性。但是，国外学术界以木材产业为研究对象的学术论文较少。实际上，木材产业是林产品贸易的基础，又是森林培育业的下游产业，是推动林业经济发展的主要力量，在林业产业体系中处于重要地位。因此，缺乏对木材产业发展的关注是国外相关研究的局限性。

## 三、企业资源理论综述

### （一）企业资源论研究沿革

企业资源论主要起源于20世纪50年代Penrose E T的企业资源观，在Lippman S A和Rumelt B P等学者的大力推动下逐步发展起来，20世纪80年代由Wernerfelt B对其进行了综合性阐释，20世纪90年代Barney J B等学者对其进行深入性运用，使资源观理论逐渐成为当今重要的企业管理理论之一。

Penrose E T（1959）首次提出了企业资源的观点，开创了资源基础研究的先河。她认为，企业的资源和能力是构成企业经济效益的稳固基础，企业内部存在通过知识积累以拓展生产领域的机制，而且这种知识的积累是一种内部化的结果，这一过程节约了企业稀缺的决策能力资源，管理者可以利用释放出来的决策能力资源解决新问题，促进企业的成长。

Lippman S A 和 Rumelt B P（1982）认为，由于原因模糊等因素的存在，即无法搞清优势企业的行动与结果之间的联系，其他企业将无法有效地复制或仿制优势企业的资源，因而也将无法消除企业绩效之间的差异。

Wernerfelt B（1984）继承并发展了 Penrose E T 的企业资源论，正式提出了“资源基础论”的基本观点，认为企业建立强有力的资源优势是非常重要的，企业所拥有的资源位势决定了企业在市场中的竞争位势和企业经营战略的广度和深度。企业能否获得和保持竞争优势，取决于企业在“有缺陷的”和“不完全的”要素市场中获取并开发战略资产的能力，由于要素市场是有缺陷的和不完全的，在获取、模仿、替代战略资源和投入要素方面就存在进入障碍，这些障碍阻止了竞争者获得和复制企业战略资源的可能，由此造成了企业相互之间的异质性，并使企业获得持续竞争优势成为可能。

Dierickx I 和 Cool K（1989）进一步深化了 Wernerfelt B 的观点，认为实施一项战略所需要的战略资产中，有很多战略资产根本就不存在市场，无法通过市场来买卖，而只能在企业内部逐步积累。企业现有的战略资产存量决定了其在市场中的竞争位势，而企业现有的战略资产存量则是企业在过去一定时期内通过选择资源流量的恰当时点和路径而逐步累积形成的，那些试图仿制优势企业战略资产的企业将因为时间压缩非经济性、资产积聚效率、资产存量交互关联性、资产的腐蚀性以及原因模糊等因素的存在而无法模仿和替代，这样，拥有这些战略资产的企业就能够赢得持续的竞争优势。

在前人研究的基础上，Barney J B（1991）正式提出了“资源基础论”的基本分析框架。他认为，在“企业所拥有的资源是异质的”和

"这些异质资源是不可流动的" 这两个假设的基础上，企业要想获得并维持竞争优势，其内部所拥有的特异资源和能力必须具备如下四个特性：有价值性、稀缺性、不完全可模仿性、不完全可替代性。

在 Barney J B 研究的基础上，Peteraf M A（1993）从竞争战略的视角也对资源基础论的思想进行了深入的研究。他认为，要获得持续的竞争优势，企业必须同时实施四种不同的竞争战略，即以资源异质性为核心的竞争战略、事后限制竞争的战略、不完全流动性竞争战略和事前限制竞争战略。因此，当一个企业采取某种战略来获取或发展高效资源时，执行这种战略存在着使其他企业难以采取同样战略的成本。总之，资源只有满足上述四点条件时，才能为企业赢得竞争优势。

Collis D J 和 Montgomery C A（1995）也对基于资源的企业竞争战略作了充分的论述。他们认为，一个企业所拥有的独特资源以及在特定竞争环境下配置这些资源的方式是企业取得竞争优势的关键。企业资源基础论的核心观点是：企业是由一系列的资源束组成的集合，企业的竞争优势源自于企业所拥有的资源，尤其是一些异质性资源。外部的市场结构与市场机会对企业的竞争优势产生一定影响，但并不是决定性因素。企业内部的资源才是企业竞争优势的决定性因素。企业内的资源有很多种，但并非所有资源都可以成为企业竞争优势或高额利润的源泉。只有有价值的、稀缺的、不可能完全模仿的和难以替代的资源才是企业构建竞争优势的基础。

**（二）企业资源论研究评述**

企业资源论的出现，标志着战略管理理论的重心已经从对短期的、外在的竞争优势的追求，转向持久的、内在的竞争优势的追求。经过近半个世纪的嬗变和演进，企业资源论不仅为战略管理理论开拓了新的研究方向，而且对企业竞争战略的制定和执行产生了广泛而深远的影响。该理论将竞争优势的源泉从企业外部转移到企业内部，通过营建能够产生竞争优势的战略资源，并对战略资源加以整合运用，从而达到构成企业持久竞争力的目标。该理论引导企业充分挖掘自身潜力，从内部建立竞争优势，对于企业的可持续发展具有重要意义。但是，企业资源论缺乏坚实的实证基础，大部分结论尚停留在经验分析和逻辑推理的层面。虽然企业资源论作为重要的和前沿的战略管理理论，已经得到学术界的广泛认可，但是尚需融入到实证经济学的研究体系内。

企业资源论主要从企业内部所拥有的资源角度探究竞争优势的源泉，阐释企业间业绩差异的根源。因为产业是同类企业的集合，所以企业资源论对产业竞争力的提升同样具有指导意义。作者借鉴和吸收了企业资源论的思想精髓，建立了系统的逻辑体系，从而为研究的展开铺平了道路。第一，企业资源论提供了构筑企业竞争力的分析框架，即从企业内部要素来寻找企业绩效差距和竞争优势之源。在这一分析框架的基础上，作者结合中国木材产业的自身特点，利用理论与实证相结合的方法，分别对原始性资源与产业竞争力、创出性资源与产业竞争力之间的关系进行系统分析，从而印证了企业资源论的相关观点。第二，根据企业资源论，作者提出了资源基础转换的思想。资源基础转换实施计划的制定贯穿了企业资源论的思想。在这个思想的指导下，作者针对中国木材产业的实际情况，为培育中国木材产业持续性竞争优势设计了途径和支持政策。

# 第二章

# 木材产业资源投入与配置的现状分析

前面对资源的基本概念进行了阐述，这里将针对木材产业特点，对资源种类进一步加以细分（图 2-1）。木材资源、劳动力资源和物质资本是木材加工企业维持基本运营不可或缺的实体资源，因而构成了原始性资源的主体。技术资源是技术能力的载体，智力资本是管理和创新能力的源泉，融资能力则是衡量企业资金运营能力的标准，这三种资源是企业核心能力的集中体现，涵盖了创出性资源的基本外延。尽管木材产业涉及资源种类繁多，但这里选择的六种资源对于木材产业的存在与发展最为重要，其现实的表现可以代表木材产业资源的整体状况。对木材产业资源种类细分的目的，是要更深入地分析各种资源投入与配置的实际情况，并通过对比分析，从中找出不同资源投入与配置的运行规律。

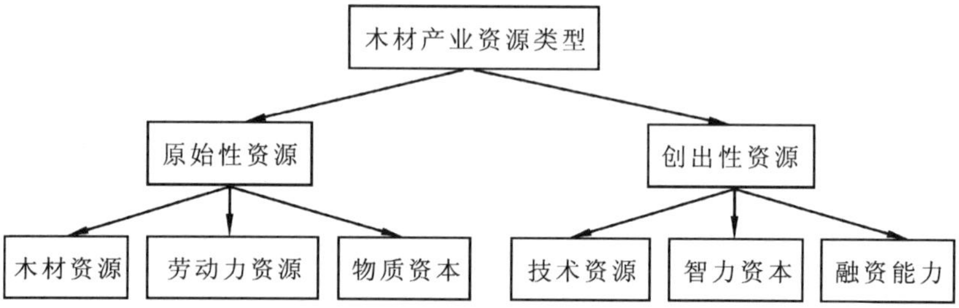


**图 2-1　木材产业资源类型**

Fig. 2-1　Resource types of timber industry

## 一、原始性资源

### （一）木材资源

木材资源是木材产业必不可少的基础性要素。中国木材产业的发展是建立在大量消耗木材资源基础之上的。因此，木材资源供给的变动会对中国木材产业的发展产生较大影响。木材供给量是指生产者在某一特定时期内，在每一价格水平上愿意而且能够提供给市场的商品材数量，包括国产材供给量和进口材供给量（包晓斌等，2008）。

1. 木材供需现状

中国是世界上木材产业大国，同时又是森林资源相对稀缺的国家，因此木材资源供需矛盾一直是困扰中国木材产业发展的主要问题之一。图 2-2 对近年来中国木材资源供给变化的情况予以说明。

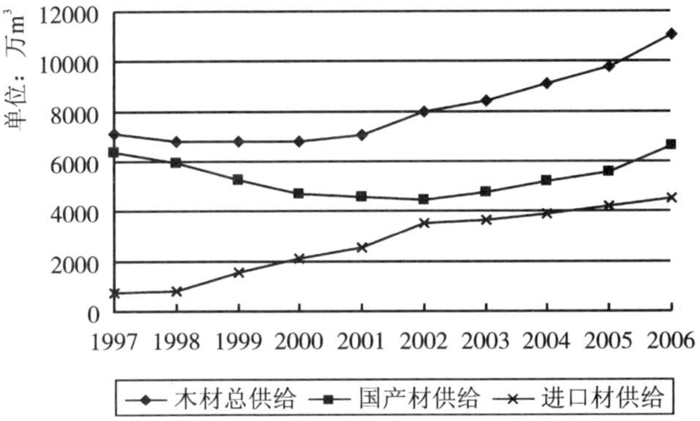


**图 2-2　1997～2006 年中国木材资源供给变化**

Fig. 2-2　Change of timber resource supply in China from 1997 to 2006

为避免重复计算，选取国内原木产量作为国产材供给量，选取原木、锯材和木浆进口量作为进口材供给量，按照一定比例折算成原木当量，得到历年中国木材资源供给总量（表 2-1）。

根据表 2-1，1997～2006 年中国木材资源供给稳定增长。1997 年木材供给总量为 7112 万 $m^3$，2006 年增至 11099 万 $m^3$，年均增长 5.07%。其中，国产材供给波动较大。1997～2002 年国产材供给量从 6395 万 $m^3$ 降至 4436 万 $m^3$，年均降低 7.05%。这一时期，受天然林资源保护工程（以下简称“天保工程”）的影响，天然林的木材供给能力受到了很大的限制，而人工林在成熟期和结构上又很难在短期内适应国内市场的要求，因此国产材供给呈现出持续下降的趋势。2003～2006 年国产材供给能力有所回升，从 4759 万 $m^3$ 增至 6612 万 $m^3$，年均增长 11.58%。进

**表 2-1 1997～2006 年中国木材资源供给变化**

Tab2-1 Change of the supply of timber resources in China from 1997 to 2006

| 年份 | 木材供给总量（万 $m^3$） | 国产材（万 $m^3$） | 进口材（万 $m^3$） | 进口依存度（%） |
|---|---|---|---|---|
| 1997 | 7112 | 6395 | 717 | 10 |
| 1998 | 6798 | 5966 | 832 | 12 |
| 1999 | 6810 | 5237 | 1573 | 23 |
| 2000 | 6797 | 4724 | 2073 | 31 |
| 2001 | 7064 | 4552 | 2512 | 36 |
| 2002 | 7957 | 4436 | 3521 | 44 |
| 2003 | 8433 | 4759 | 3674 | 44 |
| 2004 | 9066 | 5197 | 3869 | 43 |
| 2005 | 9743 | 5560 | 4183 | 43 |
| 2006 | 11099 | 6612 | 4487 | 40 |

注 a：数据来源于历年中国林业发展报告，经整理得到。

口材供给持续增长。1997～2002 年进口材供给量从 717 万 $m^3$ 增至 3521 万 $m^3$，年均增长 37.48%。这一时期，由于国产材供给骤降，供需缺口不断扩大，进口材供给增长迅速。2003～2006 年进口材供给增速放缓，从 3674 万 $m^3$ 增至 4487 万 $m^3$，年均增长 6.89%。

在缺少中国木材市场需求状况统计资料的情况下，为了研究上的简便，作者假设中国木材市场供求平衡，这样可以由消费量替代需求量，因此下文提到的需求量均用消费量衡量。根据表 2-2，建筑业对木材资源的需求量最大，但是比重持续降低，建筑业在木材资源需求结构中所占比重从 2003 年的 43.47% 降至 2006 年的 28.46%；造纸业也是拉动木材资源需求的一大行业，在木材资源需求结构中所占比重始终在 30% 左右，随着建筑业木材资源需求的下降，2006 年造纸业木材资源需求量跃居第一位；木质林产品出口对木材资源的需求增长较快，2003 年出口用材所占比重为 11.17%，2006 年增至 20.32%，成为国内木材资源需求的重要增长点；家具业木材资源需求所占比重不断提高，从 2003 年的 6.53% 增至 2006 年的 13.77%；煤炭业木材资源需求保持稳定，所占比重始终在 3% 左右；其他行业对木材资源的需求量较小，所占比重仅为 1%～2%。

**表 2-2　中国木材资源需求结构　单位：%**

Tab. 2-2　Structure of timber resource demand in China　Unit：%

| 年份 | 建筑业 | 造纸业 | 出口用材 | 家具业 | 煤炭业 | 其他行业 |
|---|---|---|---|---|---|---|
| 2003 | 43.47 | 33.37 | 11.17 | 6.53 | 3.12 | 2.35 |
| 2004 | 41.57 | 28.53 | 14.92 | 10.52 | 3.15 | 1.31 |
| 2005 | 33.72 | 30.29 | 17.51 | 12.43 | 3.31 | 2.75 |
| 2006 | 28.46 | 31.56 | 20.32 | 13.77 | 3.12 | 2.78 |

注 a：数据来自历年中国林业发展报告；

注 b：出口用材为出口木质林产品换算成的原木当量；

注 c：由于统计资料的限制，木材供给不包括超限额采伐、农民自用材和烧材。

### 2. 木材进口依存度

进口是中国获取木材资源的主要途径。图 2-3 显示，除了 1993 ~ 1995 年中国原木进口量出现负增长之外，其余年份均呈现正增长态势，14 年间增长了 8.30 倍，年均增长 18.71%。其中，1999 年原木进口增幅最大，达到 110.15%，这主要是由于 1998 年天保工程施后，国内木材采伐量大幅下降，木材加工企业转而依靠进口解决木材资源的短缺问题。随着木材加工企业规模的扩大，木材资源的需求量也在不断增大，从而木材进口迅速增加，木材资源供给的对外依存度也随之提高。

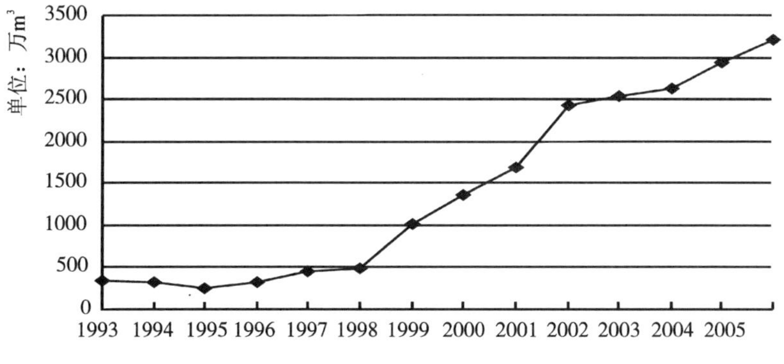


**图 2-3　1993 ~ 2006 年中国原木进口量**

Fig. 2-3　Import volume of logs in China from 1993 to 2006

木材资源供给的对外依存度，用进口材（折合为原木当量）占国内木材供给总量的比重来表示。图 2-4 显示，1997 年以后中国木材资源供给的对外依存度逐年上升，由 1997 年的 10.08 % 迅速上升至 2006 年的 40.43%。持续下降的国产材供给无法满足高速增长的木材产业对木材资源的需求，必须通过大量进口木材来弥补木材消耗的巨大缺口。可见，木材资源对外依存度逐年提高的趋势，反映出进口材在中国木材资源供给中占据了重要位置。

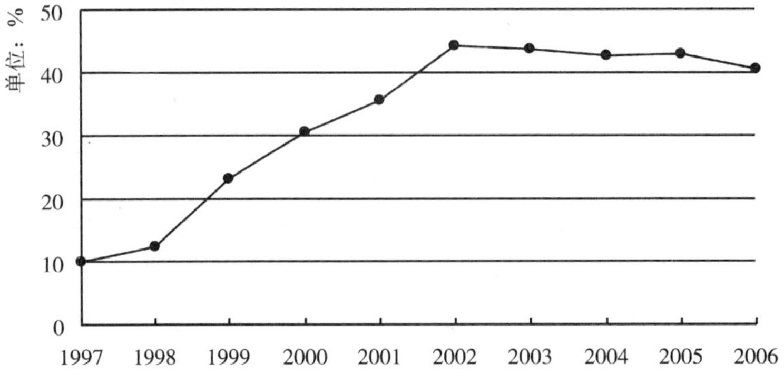


**图 2-4　1997 ~ 2006 年中国木材资源供给对外依存度**

Fig. 2-4　External dependence degree of timber resource supply in China from 1997 to 2006

从长期来看，中国木材资源供给对进口材的依赖还将持续下去。中国用材林的林种结构方面，成过熟林蓄积量为 15.85 亿 $m^3$，仅占用材林总蓄积量的 28.75%，中、幼龄林比重高达 71.25%，庞大数量的中、幼龄林短期内不能作为资源的供给对象（杨红强等，2008）。此外，2008 年初，中国南方省份遭受的严重雪灾，致使森林受灾面积达到 3.4 亿亩，占全国森林总面积的 10% 以上，超过 20% 的未成林及中幼林受到损害（杨红强等，2008）。这预示着未来 5 ~ 10 年国产材供给可能比原计划减产，木材供应的紧张趋势进一步扩大。因此，未来一定时期内进口材在中国木材供给中的突出地位还很难被国产材取代。

## （二）劳动力资源

劳动力资源是指一定范围内人的劳动能力的总和。劳动力是重要的原始性资源，劳动力资源的衡量涉及劳动时间、劳动强度、劳动人数等主要指标。目前，中国还缺乏对各行业劳动力资源投入较为准确的统计，因此本文采用劳动人数作为衡量劳动力资源的主要指标。

1. 劳动力规模

根据图2-5，1995～2006年中国木材产业劳动力数量变化呈现两大特点：

一是总体而言，增长缓慢。1995～2006年中国木材产业劳动力数量年均增长率为2.32%。

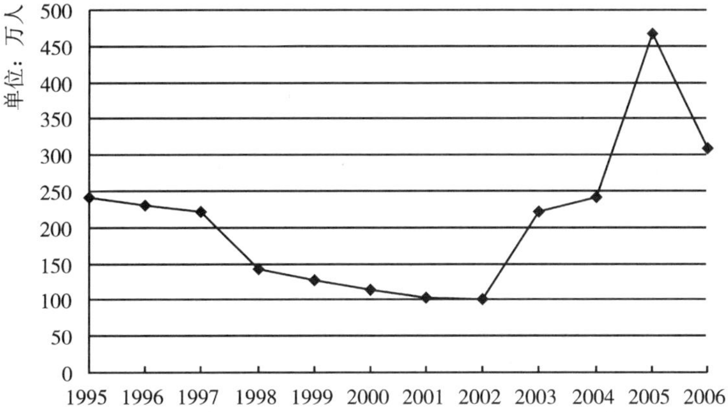


**图2-5　1995～2006年中国木材产业劳动力投入情况**

Fig. 2-5　Labor force input of Chinese timber industry from 1995 to 2006

二是变化剧烈。1995～2006年中国木材产业劳动力数量剧烈震荡，12年间有8年劳动力数量处于负增长，最高降幅达35.75%，只有2003～2005年劳动力数量处于正增长，其中2003年和2005年劳动力数量激增，增长率分别为118.98%和110.88%（表2-3）。

**表 2-3　1995～2006 年中国木材产业劳动力投入情况**

Tab. 2-3　Labor input of timber industry in China from 1995 to 2006

| 年份 | 职工年平均人数（万人） | 增长率（%） |
| --- | --- | --- |
| 1995 | 241.00 | — |
| 1996 | 231.00 | -4.15 |
| 1997 | 221.00 | -4.33 |
| 1998 | 142.00 | -35.75 |
| 1999 | 128.00 | -9.86 |
| 2000 | 113.00 | -11.72 |
| 2001 | 104.00 | -7.96 |
| 2002 | 101.00 | -2.88 |
| 2003 | 221.17 | 118.98 |
| 2004 | 240.78 | 8.87 |
| 2005 | 466.40 | 110.88 |
| 2006 | 310.19 | -33.49 |

注 a：数据引自历年中国工业经济统计年鉴，经整理得到。

2. *劳动力成本*

为了更加科学地理解产业的国际分工格局及附加价值和市场地位、控制力和竞争力的相互关系，这里借用著名的“微笑曲线”（施振荣，1992）结合实际进行解释。由图 2-6 可以看出，不同的业务工序对应着相异的产业附加值，从而代表了产业国际竞争力的高低，而产业国际竞争力的高低取决于生产要素基础的差异（余建辉等，2000）。一般来讲，加工制造环节主要依赖资源及劳动力要素的投入，在价值链的各个环节中，加工制造环节获取的利润较低，处于微笑曲线的底层。从木材产业来看，中国木材产业充分利用了低成本的劳动力比较优势，在国际木材产业分工中占据了加工环节，而欧美等发达国家凭借资本及技术优势占据了国际木材产业的研发及销售环节。

目前看来，过去支持中国木材产业发展的动力来自加工利润，即来自廉价劳动力带来的成本空间。随着木材产业劳动价格的上涨，这个优势空间正在逐渐消失，表明来自劳动价格的比较优势不能成为产业可持续竞争力的源泉。劳动力成本是各企业在一定时期内为劳动者支付的全部费用。狭义上讲，是指工资；广义上讲，包括工资及社会保险、福

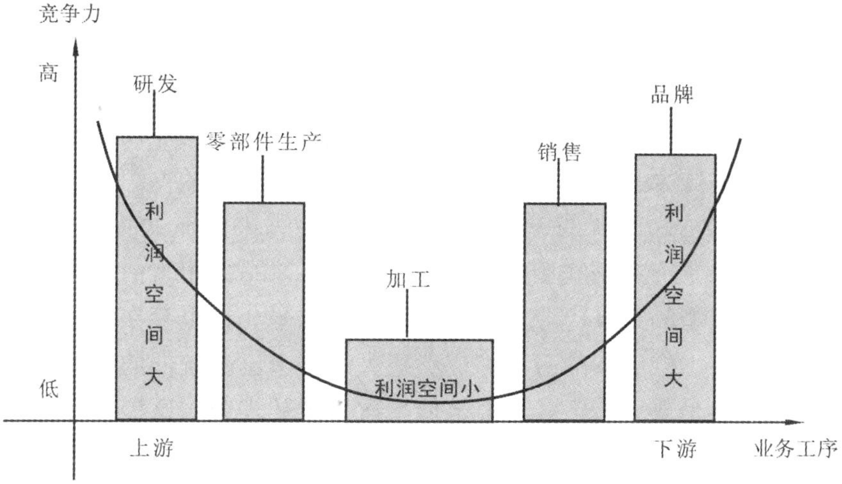


**图 2-6　微笑曲线与产业竞争力示意图**

Fig. 2-6　Schematic diagram of smile curve and industrial competitiveness

利、职工住房、培训等方面的费用（王晓鹏，2007）。在劳动力成本当中，工资是最大的组成部分。根据表 2-4，2005～2007 年木材产业各行业职工平均工资增长较快，年均增长速度达到 2 位数。工资是劳动力成本的主要部分，说明中国木材产业的劳动力成本增长较快，这势必要挤压企业的利润空间。

**表 2-4　2005～2007 年中国木材产业劳动力成本**

Tab. 2-4　Labor force costs of Chinese timber industry from 2005 to 2007

| 年份 | 木材加工业 | | 家具制造业 | | 造纸及纸制品业 | |
|---|---|---|---|---|---|---|
| | 职工平均工资（元/年） | 增长率（%） | 职工平均工资（元/年） | 增长率（%） | 职工平均工资（元/年） | 增长率（%） |
| 2005 | 9927 | — | 12393 | — | 12347 | — |
| 2006 | 11213 | 11. 28 | 14354 | 14. 10 | 14274 | 13. 89 |
| 2007 | 13109 | 11. 56 | 16546 | 9. 99 | 16392 | 9. 58 |

注 a：数据来源于历年中国统计年鉴，经 CPI 指数平减至 2005 年。

3. 劳动生产率

中国木材产业中主要行业的总量水平较高，进入了世界先进行列。但从劳动生产率来看，中国木材产业与发达国家存在着很大的差距，如造纸业劳动生产率仅为美国的 2.28%，家具业为美国的 7.72%；即使与部分发展中国家相比，中国木材产业也存在着较大的差距，如造纸业劳动生产率为马来西亚的 16.46%，家具业为马来西亚的 45.12%。如果说造纸业属于资本密集型产业，中国与国际水平差距大尚属正常，但在劳动力密集型的家具产业上，中国同国际水平相比也存在着较大的差距，这说明中国低成本的劳动力优势很大程度上已被较低的劳动生产率劣势所抵消，是典型的产业价值链低层次连续的表现。这表明，中国木材产业尚处在只重数量，不重质量的粗放型经营阶段。

**（三）物质资本**

所谓的物质资本，是指经劳动制造的资本品，包括存在于机器、设备和厂房等形式上的资本及其价值形态货币（张志勇，2001），也就是马克思在资本论中所描述的不变资本概念。在自然资源给定和劳动要素充裕的条件下，资本存量的多寡和资本流量的增长速度，是促进或限制产业发展的基本因素。

1. 物质资本规模

物质资本存量是衡量物质资本规模的主要指标。根据图 2-7，中国木材产业物质资本存量增长较快。1986 ~ 2007 年，中国木材加工业物质资本存量年均增长 16.48%，家具制造业物质资本存量年均增长 16.93%，造纸及纸制品业物质资本存量年均增长 18.28%。造纸及纸制品业物质资本的积累速度要快于木材加工业和家具制造业，导致造纸及纸制品业的物质资本规模要远远大于木材加工业和家具制造业。截至 2007 年，中国木材产业的物质资本总存量为 9739.08 亿元。其中，木材加工业的物质资本存量为 2005.63 亿元，占木材产业物质资本总存量的 20.59%；家具制造业的物质资本存量为 1559.47 亿元，占木材产业物质资本总存量的 16.01%；造纸及纸制品业的物质资本存量达到 6173.98 亿元，占木材产业物质资本总存量的 63.39%。

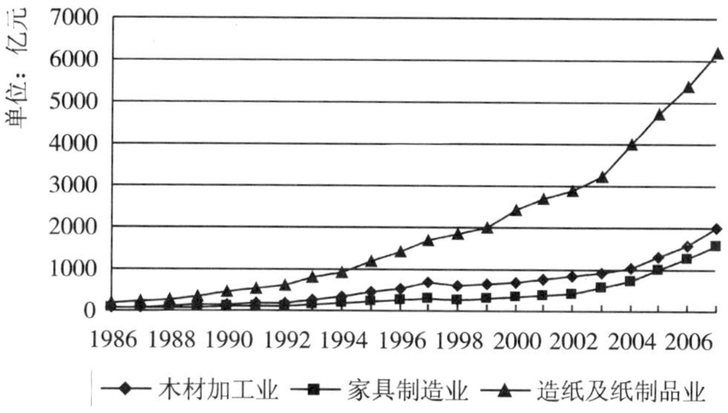


**图 2-7　1986～2007 年中国木材产业物质资本存量**

Fig. 2-7　Material capital stock of Chinese timber industry from 1986 to 2007

可见，中国木材产业三大行业物质资本积累呈现不同的变化趋势，这符合三大行业的自身特点。造纸及纸制品业的物质资本积累在速度和规模上均高于木材加工业和家具制造业。这是由于造纸及纸制品业的资本密集程度相对较高，规模经济效益显著，因而对物质资本积累的要求高。由于木材加工业和家具制造业的劳动密集程度相对较高，手工劳动部分多于机械化作业部分，因而对物质资本积累的要求比较低。同时，木材加工业和家具制造业在生产环节上衔接紧密，多数企业处于产业链上下游的关系，因而物质资本积累的变化趋势趋于一致。

2. *物质资本配置效率*

物质资本规模只能衡量木材产业物质资本的总体投入水平，而物质资本的实际利用水平需要通过物质资本配置效率来反映。物质资本配置有两种方式：一是木材产业与其他产业之间物质资本的配置，反映了产业之间资本的流动情况；二是木材产业在各区域之间物质资本的配置，反映了区域之间资本的流动情况。由于统计资料的限制，本文仅限于对中国造纸及纸制品业区域之间资本配置效率进行研究。

（1）模型的构建及数据的选取：

在投资效率最优的情况下，必然是那些发展良好的地区获得投资，而对于那些成长性较差的地区，资本则会及时撤出。根据这一理论，可以用资本流动对于区域间行业成长性变化的敏感度，作为衡量资本配置效率的主要指标。耶鲁大学教授 Wurgler J（2000）正是基于这种理念，构建了测度资本配置效率的合成数据模型①：

$$\ln \frac{K_{i,t}}{K_{i,t-1}} = c + \gamma \ln \frac{V_{i,t}}{V_{i,t-1}} + \varepsilon_{i,t} \qquad (2\text{-}1)$$

式 2-1 中，$K$ 为地区的固定资本投入，$V$ 为地区的工业增加值。下标 $i$ 表示地区的编号，$t$ 为时间。γ是度量资本配置效率的系数，即固定资产存量增长率对工业增加值增长率的弹性系数。一般而言，γ的值域在 0 和 1 之间。γ越接近 0，资本配置效率越低；γ越接近 1，资本配置效率越高。

本文基于 Wurgler J 的思想，采取合成数据的分析方法，研究中国造纸及纸制品业的资本配置效率。数据来源于 2000 ~ 2007 年中国工业经济统计年鉴，涉及全国各个省份的相关指标。据此，本文做出如下调整：①固定资本投入（$K$），选取固定资产原值作为衡量固定资本投入（$K$）的指标；②工业增加值（$V$），工业增加值根据造纸业出厂价格指数平减至 1999 年（表 2-5、表 2-6）。

**表 2-5　1999 ~ 2006 年中国各地区造纸及纸制品业工业增加值**

单位：亿元

Tab. 2-5　Industrial added value of papermaking and paper products industry in all the regions of China from 1999 to 2006　Unit: 100 million yuan

| 省份 | 简称 | 1999 | 2000 | 2001 | 2002 | 2003 | 2005 | 2006 |
|---|---|---|---|---|---|---|---|---|
| 北京 | _ BJ | 4. 49 | 6. 10 | 6. 22 | 8. 40 | 9. 06 | 11. 68 | 12. 78 |
| 天津 | _ TJ | 4. 66 | 5. 14 | 5. 92 | 5. 37 | 6. 68 | 14. 73 | 12. 95 |
| 河北 | _ HEB | 23. 97 | 21. 41 | 25. 93 | 27. 27 | 29. 40 | 41. 83 | 49. 69 |
| 山西 | _ SX | 3. 11 | 1. 58 | 1. 38 | 1. 48 | 1. 58 | 3. 49 | 4. 08 |
| 内蒙古 | _ NMG | 1. 85 | 3. 26 | 3. 79 | 3. 36 | 3. 61 | 7. 34 | 7. 35 |
| 辽宁 | _ LN | 6. 34 | 7. 09 | 6. 84 | 7. 74 | 7. 56 | 14. 74 | 23. 38 |

① 合成数据是指在时间序列上取多个截面，在这些截面上同时选取样本观测值所构成的样本数据。合成数据能够从截面和时间构成的二维空间反映变量的变化特征和规律。

（续）

| 省份 | 简称 | 1999 | 2000 | 2001 | 2002 | 2003 | 2005 | 2006 |
|---|---|---|---|---|---|---|---|---|
| 吉林 | _JL | 4.80 | 6.67 | 5.78 | 4.77 | 6.35 | 5.81 | 6.56 |
| 黑龙江 | _HLJ | 6.38 | 5.98 | 8.00 | 10.52 | 8.97 | 8.72 | 8.53 |
| 上海 | _SH | 16.81 | 17.75 | 17.68 | 17.71 | 19.80 | 30.38 | 41.28 |
| 江苏 | _JS | 28.13 | 34.10 | 50.16 | 71.05 | 79.36 | 126.10 | 158.31 |
| 浙江 | _ZJ | 30.01 | 36.02 | 46.76 | 60.08 | 66.60 | 95.24 | 116.68 |
| 安徽 | _AH | 6.39 | 5.88 | 6.07 | 7.22 | 8.25 | 13.95 | 16.57 |
| 福建 | _FJ | 15.36 | 23.99 | 24.95 | 29.55 | 31.02 | 55.43 | 69.30 |
| 江西 | _JX | 4.83 | 4.42 | 4.78 | 4.53 | 4.25 | 14.61 | 20.84 |
| 山东 | _SD | 58.49 | 71.53 | 82.03 | 105.56 | 153.59 | 277.71 | 315.19 |
| 河南 | _HEN | 27.95 | 32.04 | 34.02 | 37.19 | 44.63 | 92.72 | 122.39 |
| 湖北 | _HUB | 15.92 | 17.11 | 19.06 | 21.22 | 24.52 | 27.00 | 30.04 |
| 湖南 | _HUN | 7.77 | 10.98 | 15.34 | 15.65 | 20.57 | 46.64 | 48.29 |
| 广东 | _GD | 55.24 | 61.07 | 69.99 | 85.47 | 103.89 | 168.46 | 209.92 |
| 广西 | _GX | 5.75 | 7.77 | 6.21 | 7.10 | 8.01 | 15.37 | 20.18 |
| 海南 | _HAIN | 0.26 | 0.24 | 0.43 | 0.57 | 0.66 | 7.81 | 15.91 |
| 重庆 | _CQ | 1.56 | 1.58 | 1.87 | 2.21 | 3.46 | 4.64 | 7.40 |
| 四川 | _XC | 10.40 | 11.93 | 13.41 | 15.78 | 16.29 | 28.54 | 32.48 |
| 贵州 | _GZ | 1.27 | 1.19 | 1.08 | 0.89 | 0.96 | 1.96 | 1.52 |
| 云南 | _YN | 5.37 | 6.32 | 7.04 | 8.20 | 7.85 | 11.38 | 10.49 |
| 陕西 | _SHX | 3.39 | 4.27 | 3.97 | 3.99 | 5.49 | 7.95 | 9.71 |
| 甘肃 | _GS | 1.58 | 2.15 | 1.66 | 1.82 | 1.76 | 2.52 | 4.31 |
| 青海 | _QH | 0.10 | 0.07 | 0.04 | 0.12 | 0.07 | 0.07 | 0.05 |
| 宁夏 | _NX | 1.74 | 2.97 | 2.53 | 3.98 | 4.48 | 6.08 | 6.55 |
| 新疆 | _XJ | 1.64 | 2.02 | 1.95 | 2.08 | 2.70 | 3.51 | 3.73 |

注 a：数据引自历年中国工业经济统计年鉴，经整理得到；

注 b：由于统计资料的限制，2004 年相关数据缺失；

注 c：由于统计资料的限制，西藏相关数据缺失。

**表 2-6 1999 ~ 2006 年中国各地区造纸及纸制品业固定资产原值** 单位：亿元

Tab. 2-6 Original value of fixed assets of papermaking and paper products industry in all the regions of China from 1999 to 2006 Unit：100 million yuan

| 省份 | 简称 | 1999 | 2000 | 2001 | 2002 | 2003 | 2005 | 2006 |
|---|---|---|---|---|---|---|---|---|
| 北京 | _ BJ | 14. 63 | 15. 77 | 16. 13 | 16. 97 | 14. 22 | 18. 65 | 21. 33 |
| 天津 | _ TJ | 39. 19 | 34. 98 | 41. 16 | 25. 13 | 41. 94 | 36. 26 | 31. 11 |
| 河北 | _ HEB | 54. 08 | 61. 19 | 64. 59 | 66. 50 | 68. 66 | 86. 48 | 93. 61 |
| 山西 | _ SX | 9. 04 | 6. 17 | 5. 96 | 4. 32 | 3. 36 | 6. 79 | 7. 61 |
| 内蒙古 | _ NMG | 4. 44 | 7. 64 | 8. 29 | 9. 20 | 10. 19 | 14. 97 | 18. 32 |
| 辽宁 | _ LN | 34. 03 | 35. 30 | 47. 19 | 49. 67 | 47. 45 | 57. 20 | 62. 14 |
| 吉林 | _ JL | 30. 71 | 27. 53 | 26. 18 | 36. 32 | 34. 30 | 27. 92 | 29. 71 |
| 黑龙江 | _ HLJ | 49. 93 | 53. 05 | 68. 37 | 65. 22 | 56. 13 | 47. 52 | 52. 15 |
| 上海 | _ SH | 47. 23 | 49. 68 | 52. 97 | 57. 31 | 63. 21 | 92. 34 | 101. 78 |
| 江苏 | _ JS | 120. 99 | 219. 15 | 277. 85 | 303. 18 | 319. 80 | 488. 76 | 527. 39 |
| 浙江 | _ ZJ | 105. 41 | 113. 94 | 133. 97 | 159. 83 | 185. 26 | 295. 80 | 346. 29 |
| 安徽 | _ AH | 24. 46 | 20. 14 | 18. 31 | 18. 22 | 23. 11 | 33. 85 | 36. 10 |
| 福建 | _ FJ | 51. 73 | 88. 79 | 106. 26 | 109. 13 | 117. 66 | 139. 89 | 156. 38 |
| 江西 | _ JX | 17. 26 | 15. 91 | 16. 19 | 14. 86 | 16. 05 | 40. 26 | 45. 31 |
| 山东 | _ SD | 169. 97 | 184. 43 | 207. 59 | 254. 76 | 358. 78 | 569. 09 | 627. 35 |
| 河南 | _ HEN | 60. 17 | 64. 81 | 63. 78 | 66. 96 | 63. 85 | 130. 82 | 146. 84 |
| 湖北 | _ HUB | 29. 88 | 23. 12 | 24. 07 | 26. 04 | 27. 34 | 45. 99 | 52. 25 |
| 湖南 | _ HUN | 29. 73 | 38. 47 | 39. 91 | 49. 55 | 57. 69 | 79. 55 | 88. 95 |
| 广东 | _ GD | 149. 59 | 196. 12 | 216. 51 | 225. 21 | 266. 58 | 373. 34 | 480. 90 |
| 广西 | _ GX | 29. 40 | 48. 22 | 54. 16 | 56. 09 | 58. 29 | 74. 37 | 78. 20 |
| 海南 | _ HAIN | 0. 75 | 0. 74 | 0. 86 | 0. 86 | 0. 68 | 78. 60 | 82. 55 |
| 重庆 | _ CQ | 7. 26 | 6. 04 | 6. 12 | 6. 35 | 7. 23 | 7. 57 | 8. 04 |
| 四川 | _ XC | 38. 74 | 40. 10 | 38. 46 | 41. 64 | 44. 28 | 58. 93 | 58. 83 |
| 贵州 | _ GZ | 4. 29 | 3. 74 | 3. 63 | 4. 05 | 3. 74 | 3. 89 | 3. 87 |
| 云南 | _ YN | 18. 26 | 32. 56 | 35. 18 | 36. 54 | 35. 77 | 37. 98 | 39. 34 |
| 陕西 | _ SHX | 14. 86 | 14. 83 | 14. 67 | 16. 32 | 18. 48 | 21. 10 | 20. 68 |
| 甘肃 | _ GS | 4. 50 | 4. 75 | 5. 44 | 5. 41 | 4. 76 | 5. 19 | 5. 41 |
| 青海 | _ QH | 0. 43 | 0. 40 | 0. 44 | 0. 47 | 0. 35 | 0. 80 | 0. 04 |
| 宁夏 | _ NX | 8. 80 | 8. 72 | 12. 04 | 15. 94 | 19. 70 | 22. 68 | 25. 76 |
| 新疆 | _ XJ | 9. 61 | 9. 96 | 11. 50 | 12. 00 | 11. 60 | 16. 03 | 17. 84 |

注 a：数据引自历年中国工业经济统计年鉴，经整理得到；

注 b：由于统计资料的限制，2004 年相关数据缺失；

注 c：由于统计资料的限制，西藏相关数据缺失。

（2）实证结果：

实证分析结果，见表2-7。

**表 2-7　实证分析结果**

Tab. 2-7　Results of an empirical analysis

因变量（Dependent Variable）：$\ln\frac{K_{i,t}}{K_{i,t-1}}$

方法（Method）：混合数据广义最小二乘法［Pooled EGLS（Cross-section weights）］

样本（调整）［Sample（adjusted）］：2000 2006

包括的观测值（Included observations）：调整后5个（5 after adjustments）

包括的横截面数据（Cross-sections included）：30

总的合成数据［Total pool（balanced）observations］：150

一阶加权矩阵后线性估计（Linear estimation after one-step weighting matrix）

| 变量（Variable） | 系数（Coefficient） | 标准误（Std. Error） | t统计量（t-Statistic） | 概率值（Prob.） |
|---|---|---|---|---|
| C | 0.022150 | 0.008923 | 2.482282 | 0.0144 |
| $\ln\frac{V_{i,t}}{V_{i,t-1}}$ | 0.202044 | 0.052370 | 3.857997 | 0.0002 |
| 固定影响［Fixed Effects（Cross）］ | | | | |
| _BJ--C | -0.032986 | | | |
| _TJ--C | -0.048571 | | | |
| _HEB--C | 0.026226 | | | |
| _SX--C | -0.176239 | | | |
| _NMG--C | 0.157320 | | | |
| _LN--C | 0.035151 | | | |
| _JL--C | -0.003825 | | | |
| _HLJ--C | 0.006976 | | | |
| _SH--C | 0.036599 | | | |
| _JS--C | 0.136358 | | | |
| _ZJ--C | 0.081732 | | | |
| _AH--C | -0.037913 | | | |
| _FJ--C | 0.127062 | | | |
| _JX--C | -0.022236 | | | |
| _SD--C | 0.102633 | | | |
| _HEN--C | -0.017303 | | | |
| _HUB--C | -0.036159 | | | |
| _HUN--C | 0.092027 | | | |
| _GD--C | 0.109624 | | | |

（续）

| | | | |
|---|---|---|---|
| _ GX－－C | 0. 100383 | | |
| _ HAIN－－C | －0. 098336 | | |
| _ CQ－－C | －0. 061982 | | |
| _ XC－－C | －0. 019117 | | |
| _ GZ－－C | －0. 029040 | | |
| _ YN－－C | 0. 107313 | | |
| _ SHX－－C | －0. 010130 | | |
| _ GS－－C | －0. 028659 | | |
| _ QH－－C | －0. 634458 | | |
| _ NX－－C | 0. 123266 | | |
| _ XJ－－C | 0. 014283 | | |
| 效应显示（Effects Specification） | | | |
| 固定影响横截面数据［Cross-section fixed（dummy variables）］ | | | |
| 加权统计（Weighted Statistics） | | | |
| 决定系数（R-squared） | 0. 573030 | 因变量的平均值（Mean dependent var） | 0. 194015 |
| 修正的决定系数（Adjusted R-squared） | 0. 465390 | 因变量的标准差（S. D. dependent var） | 0. 377256 |
| 回归的标准误（S. E. of regression） | 0. 275838 | 残差平方和（Sum squared resid） | 9. 054309 |
| F 统计量（F-statistic） | 5. 323598 | DW 统计量（Durbin-Watson stat） | 2. 215928 |
| 概率值（F 统计量）［Prob（F-statistic）］ | 0. 000000 | | |
| 不加权统计（Unweighted Statistics） | | | |
| 决定系数（R-squared） | 0. 299119 | 因变量的平均值（Mean dependent var） | 0. 045754 |
| 残差平方和（Sum squared resid） | 9. 295669 | DW 统计量（Durbin-Watson stat） | 0. 745169 |

根据表 2-7，得到资本配置效率回归方程：

$$\ln \frac{K_{i,t}}{K_{i,t-1}} = 0.022150 + 0.202044 \ln \frac{V_{i,t}}{V_{i,t-1}} + \varepsilon_{i,t} \tag{2-2}$$

$$(t)\ (2.482282^{*})\ \ (3.857997^{**})$$

注 a：* 表示 5% 显著性水平，* * 表示 1% 显著性水平式 2-2 中，$c$ 和$\gamma$分别为 0.022150 和 0.202044，$F$ 值和各参数的 $t$ 值均通过 5% 的显著性检验，决定系数 $R^2$ 为 0.573030，$DW$ 值为 2.215928，说明模型回归效果良好。

（3）实证分析：

根据实证结果，1999～2006 年中国造纸及纸制品业物质资本配置效率总体上比较低，反映出该行业物质资本区域间的流动性较弱，物质资本对区域间行业成长性的敏感度比较低。这是由两个原因造成的：首先，缺乏畅通的融资渠道。根据生产要素理论，在生产要素可以自由流动的市场经济条件下，物质资本作为重要的生产要素，总是从低效益的生产方式流向高效益的生产方式。由于中国尚未建立起完善的金融市场，企业缺少多样化的融资渠道和融资方式，导致物质资本的自由流动存在阻碍。其次，物质资本的低效率利用。物质资本配置效率的低下，说明造纸及纸制品业处于粗放型的发展阶段。大多数造纸及纸制品企业生产的是低技术含量、低附加值的同质化产品，采取的是高产出、低收入的发展方式。产业的这种低层次规模扩张，导致大量物质资本始终处于低效率运营状态，致使物质资本单位消耗的经济效益较低。

## 二、创出性资源

产业的成长过程中存在着许多不同的层级，在每一个层级上产业将处于相对稳定的状态，而每一个层级上产业存续时间的长短与该产业的微观基础的变动有关。产业成长层级的微观基础就是以技术为核心的创新性资源。如图 2-8 所示，由于技术创新，特别是基本技术创新是一个突变过程，与之相伴的产品创新也就会产生突变，从而使产业不经过中间过程直接从低层级状态跃迁到高层级状态，即产业升级（程宝栋，2007）。

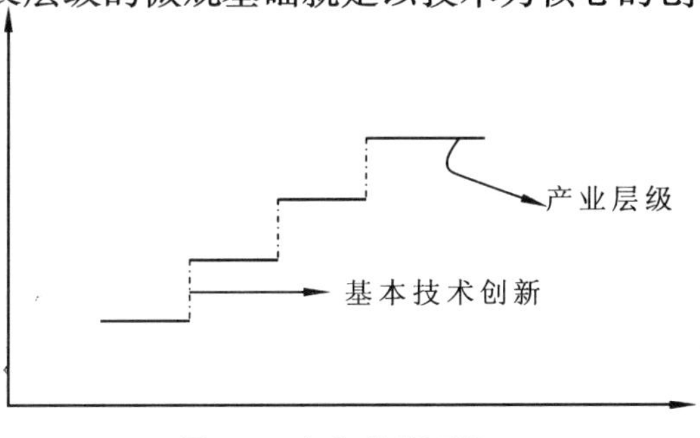


**图 2-8　产业成长层级**

Fig. 2-8　Hierarchy of industrial growth

## （一）技术资源

长期以来，木材产业科技投入严重不足，基础研究薄弱，导致木材产业科技总体实力较弱，大部分新技术、新设备靠国外引进，而且对新技术、新设备的利用程度差。目前，木材产业科技投入占工业总产值的比重不足0.3%，科技贡献率仅为20%，远低于其他行业40%的水平，更低于世界发达国家70%～80%的水平。中国木材产业自主创新能力低，致使在行业标准方面受控于木材产业发达国家，从而导致产品设计上基本处于被动模仿状态。

1. 技术资源投入分析

（1）技术活动经费。技术进步是创出性资源的核心，是构建产业竞争优势的主要推动力。技术进步主要通过四种渠道：技术开发、技术改造、技术引进和消化吸收。这四项技术活动对于产业技术进步有着重要的影响。通过中国木材产业大中型工业企业与全国大中型工业企业[①]在这四项技术活动投入强度方面的对比分析，可以揭示木材产业大中型工业企业技术资源投入水平。这里以大中型工业企业为统计对象，可以测定中国木材产业技术资源投入强度的上限。根据表2-8，2003～2005年中国木材产业大中型工业企业在技术开发、技术改造、技术引进和消化吸收等方面的年均投入强度均低于同期全国大中型工业企业的平均水平，说明中国木材产业技术资源投入不足。具体到木材产业各个行业，造纸及纸制品业的技术创新投入强度最高，木材加工业居中，家具制造业最低，说明木材产业各行业之间在技术资源投入方面存在不平衡性。

$$\text{技术开发投入强度} = \frac{\text{技术开发经费}}{\text{销售收入}} \times 100\% \tag{2-3}$$

$$\text{技术改造投入强度} = \frac{\text{技术改造经费}}{\text{销售收入}} \times 100\% \tag{2-4}$$

$$\text{技术改进投入强度} = \frac{\text{技术引进经费}}{\text{销售收入}} \times 100\% \tag{2-5}$$

① 依据国家统计局制定的《统计上大中小型企业划分办法（暂行）》，大中型工业企业的划分标准是从业人员在300人以上，销售额在3000万元以上，资产总额在4000万元以上的企业。大中型工业企业是产业发展的龙头，代表了产业发展的最高水平。

$$技术吸收投入强度 = \frac{消化吸收经费}{销售收入} \times 100\% \quad (2\text{-}6)$$

**表 2-8　2003～2005 年中国木材产业大中型工业企业的年均技术创新投入水平　单位：%**

Tab. 2-8　Annual average investment levels of technological innovation of large-middle industrial enterprises of Chinese timber industry from 2003 to 2005　Unit：%

| 行业 | 技术开发投入强度 | 技术改造投入强度 | 技术引进投入强度 | 消化吸收投入强度 |
|---|---|---|---|---|
| 全国平均 | 1.52 | 1.84 | 0.27 | 0.04 |
| 木材加工业 | 0.83 | 1.05 | 0.21 | 0.03 |
| 家具制造业 | 0.40 | 0.33 | 0.03 | 0.01 |
| 造纸及纸制品业 | 1.13 | 1.63 | 0.37 | 0.02 |

注 a：数据来源于历年中国科技统计年鉴，经整理所得。

总的来看，中国木材产业的动态性（创新性）不强，创新性的动态性的资源的投入和比重还很有限，产业始终处于低层次连续的状态。因此，产业竞争资产的积累速度和规模不够，促进产业转入创新驱动阶段的推动力不足。

（2）技术活动人员。技术活动人员占从业人员比重是衡量技术活动人员规模的主要指标，科学家与工程师占技术活动人员比重是衡量技术活动人员质量的主要指标。根据表 2-9，2003～2005 年全国大中型工业企业技术活动人员占从业人员比重是 4.1%～4.5%，科学家与工程师占技术活动人员比重是 58.1%～61.9%。相比之下，同期中国木材产业大中型工业企业在这两个指标上均低于全国平均水平，家具制造业的技术创新人员投入尤为薄弱，2003～2005 年家具制造业技术活动人员占从业人员比重为 0.6%～0.8%，科学家与工程师占技术活动人员比重为 43.2%～48.1%，均远低于全国平均水平。

**表 2-9 2003～2005 年中国木材产业大中型工业企业技术活动人员情况 单位：%**

Tab. 2-9 Technological activity personnel of large-middle industrial enterprises of Chinese timber industry from 2003 to 2005 Unit：%

| 行业 | 年份 | 技术活动人员占从业人员比重 | 科学家与工程师占技术活动人员比重 |
|---|---|---|---|
| 全国平均 | 2003 | 4.5 | 61.9 |
| | 2004 | 4.1 | 58.1 |
| | 2005 | 4.5 | 61.4 |
| 木材加工业 | 2003 | 1.2 | 59.2 |
| | 2004 | 1.2 | 62.5 |
| | 2005 | 2.8 | 44.6 |
| 家具制造业 | 2003 | 0.6 | 47.0 |
| | 2004 | 0.8 | 43.2 |
| | 2005 | 0.8 | 48.1 |
| 造纸及纸制品业 | 2003 | 2.8 | 54.4 |
| | 2004 | 2.8 | 50.1 |
| | 2005 | 2.8 | 57.0 |

注 a：数据来源于历年中国科技统计年鉴，经整理得到。

（3）技术研发机构。研究与开发内部化是当今技术创新的重要特征之一。企业设立技术研发机构，有利于企业通过内部技术研发活动形成与众不同的技术知识积累，减少技术创新及技术交易中的不确定性，是研究与开发内部化的主要特征，因此，技术开发机构的状况也是衡量产业技术水平的重要指标（陈健，2005）。设立技术研发机构的企业一般会具有独立的研发能力、固定的技术人群和长期的研发规划。因此，与技术活动经费和技术活动人员相比，技术研发机构能够更加准确地反映出中国木材产业的技术水平。根据表 2-10，2003～2005 年中国大中型工业企业中设有科技机构的企业所占比重在 23%～24%，同期木材加工业大中型工业企业中设有科技机构的企业所占比重在 13%～15%，家具制造业大中型工业企业中设有科技机构的企业所占比重在 5%～9%，造纸及纸制品业大中型工业企业中设有科技机构的企业所占比重在 16%左右徘徊。可见，中国木材产业技术研发机构的设立低于全国平均水平，说明中国木材产业的技术水平依然有限。

**表 2-10　2003～2005 年中国木材产业大中型工业企业科技机构情况　单位：%**

Tab. 2-10　Scientific research institutions of large-middle industrial enterprises of Chinese timber industry from 2003 to 2005　Unit：%

| 年份 | 全国平均 | 木材加工业 | 家具制造业 | 造纸及纸制品业 |
|---|---|---|---|---|
| 2003 | 24.89 | 13.61 | 5.45 | 16.00 |
| 2004 | 23.36 | 13.86 | 9.85 | 16.67 |
| 2005 | 23.72 | 15.00 | 8.96 | 16.21 |

注 a：数据来源于历年中国科技统计年鉴，经整理所得。

2. 技术装备水平分析

技术装备水平是产业技术应用的物质载体。技术装备水平是通过购买、研发或者改进等多种手段提高的，在一定程度上是技术水平的综合体现。技术装备水平一般是按照装备的技术等级以及所占比重进行评价的，由于缺乏全国大中型工业企业技术装备的数据资料，本文以微电子控制设备原价所占比重对中国木材产业大中型工业企业的技术装备状况做一粗略测算，公式如下：

技术装备水平＝微电子控制设备原价/生产经营用设备原价 (2-7)

中国木材产业技术装备水平呈现出不均衡性。根据表 2-11，2003～2005 年造纸及纸制品业大中型工业企业的技术装备水平高于全国平均水平，而木材加工业和家具制造业大中型工业企业的技术装备水平低于全国平均水平，说明造纸及纸制品业的技术装备水平高于木材加工业和

**表 2-11　2003～2005 年中国木材产业大中型工业企业技术装备水平　单位：%**

Tab. 2-11　Technical equipment of large-middle industrial enterprises of Chinese timber industry from 2003 to 2005　Unit：%

| 年份 | 全国平均 | 木材加工业 | 家具制造业 | 造纸及纸制品业 |
|---|---|---|---|---|
| 2003 | 8.62 | 5.84 | 5.11 | 12.00 |
| 2004 | 9.87 | 7.08 | 2.90 | 10.00 |
| 2005 | 12.13 | 4.69 | 6.83 | 14.10 |

注 a：数据来源于历年中国科技统计年鉴，经整理得到。

家具制造业。这可以由行业的规模特点加以解释：造纸及纸制品业是木材产业中规模经济效益较为显著的行业，对生产自动化程度的要求高，因此该行业的技术装备水平高于中国木材产业的其他行业。

3. 技术创新产出分析

企业技术创新的产出主要表现在收益性产出、技术性产出和竞争性产出等。由于现有的全国性统计资料缺乏技术性产出和竞争性产出行业分析的数据，因此这里主要对产品收益性产出进行分析。收益性产出主要包括，出售新产品为企业创造的收益，以及企业出售技术获得的技术收益。由于创新成本难以统计，国际上一般用新产品的产值份额和销售份额来测度收益性产出，公式如下：

$$\text{新产品产值份额} = \frac{\text{新产品产值}}{\text{工业总产值}} \times 100\% \tag{2-8}$$

$$\text{新产品销售份额} = \frac{\text{新产品销售收入}}{\text{产品销售总收入}} \times 100\% \tag{2-9}$$

企业总产值中新产品的产值率，反映了产品开发力度的大小和产品技术含量的高低。根据表 2-12，2005 年全国大中型工业企业新产品的产值率为15.48%，据此推算，产品的更新周期约为6～7 年，与发达国家产品 5 年的更新周期相比，还有一定差距。木材加工业大中型工业企业新产品的产值率为 12.83%，家具制造业为 9.45%，造纸及纸制品业为 6.10%，均低于全国平均水平。这说明中国木材产业产品的开发力度不足，产品的技术含量低，产品更新速度慢。同时，新产品的销售收入在各企业销售收入中的比重，综合反映着企业技术开发对市场的适应能力。2005 年全国大中型工业企业新产品的销售份额为 14.61%。同期，木材加工业大中型工业企业新产品销售收入所占比重为 13.29%，家具制造业为 9.45%，造纸及纸制品业为 6.30%。这三个行业新产品销售收入所占比重均低于全国平均水平。这说明中国木材产业新产品的上市率以及市场实现程度依然较低。

**表 2-12　2005 年木材产业大中型工业企业技术创新的产出分析　单位:%**

Tab. 2-12　Output analysis on technological innovation of large-middle industrial enterprises of Chinese timber industry in 2005　Unit：%

| 行业 | 新产品产值份额 | 新产品销售份额 |
|---|---|---|
| 全国平均 | 15.48 | 14.61 |
| 木材加工业 | 12.83 | 13.29 |
| 家具制造业 | 9.45 | 9.45 |
| 造纸及纸制品业 | 6.10 | 6.30 |

注 a：数据来源于 2006 年中国科技统计年鉴，经整理得到。

## （二）智力资本

智力资本是指通过对人开发性投资所形成的，以一定知识存量的形式存在于人体之中的资本形态（邓红，2007）。智力资本通过积极能动的脑力劳动体现出来。智力资本存量可以从劳动力素质和人才构成两个方面得到反映。劳动力素质是指劳动力的受教育程度，具有一般性，属于低层次的智力资本。人才构成是指人才的规模、水平和结构等，具有针对性，属于高层次的智力资本。

1. *劳动力素质*

从私营企业的行业属性看，私营企业所从事的行业和产业大多属于劳动密集型，这类企业大多集中在第二、三产业，且存在着大量的农民工，使得企业智力资本的整体水平不高，并且流动性很大。2006 年 4 月中旬国务院研究室发布的《中国农民工调研报告》显示，农民工在中国第二产业从业人员中占 58%，在第三产业从业人员中占 52%，已成为中国产业工人的重要组成部分，是支撑中国工业化发展的重要力量（胡水清，2007）。私营企业所涉及的行业和产业多是技术含量低、附加值低、劳动强度大的劳动密集型产业，它是大量农民工的吸纳地。在企业生产所需的最基本要素——资本和劳动中，对活劳动的使用比例会高于物质资本。因此，密集使用廉价的活劳动，是此类企业进行利润生产和提高竞争力的前提条件，也是中国私营企业根据其面临的资本和劳动状况所进行的经营方式选择。由于农民工一般文化程度比较低，来企业前又缺乏相关的技能培训，同时由于成本指向的原因，企业也很难对农民工的培训花费很大的支出，因此这类企业中的普通劳动力其整体素质相对较低。

2. 人才构成

首先，高层次人才匮乏。全国林业系统各类专门人才仅占职工总数的13.6%，远低于其他行业，更低于发达国家同行业30%以上的水平（程宝栋等，2007）。在林业系统职工队伍中，中专以上人员只占林业从业人员的3.6%，其中，大专以上的人才不足40万人，约占0.21%。本科以上的人才10万多人，约占0.5%。从不同性质的单位人才分布情况看，行政机关队伍素质较好，但本科以上的仍不足15%，以大专层次居多，占40%以上。事业单位次之，本科以上的不足10%，大专层次不足20%，中专以下约75%。企业队伍素质更低，本科以上的人员不足5%，近70%的人员为高中以下。

其次，人才结构不合理。目前中国林业系统的高级职称科技人员中50~60岁的科技人员占到82%，40~49岁的科技人员占10%，30岁以下的科技人员只占8%。林业系统专门人才在专业结构上的主要分布在林学、森工、森保、经济林、财经、师范等专业上，相反在一些高新应用技术的专业比例却比较低。

再次，人才开发潜力大。2006年，林业行业培训与人才开发工作稳步推进。一是为加强对行业人才和教育培训工作的指导，印发实施了《全国林业人才“十一五”和中长期规划》和《全国林业教育培训工作“十一五”规划》，提出了2006~2010年全国林业人才和林业教育培训工作的发展目标、重点工作和保障措施。同时，会同国家人事部门实施林业专业技术人才知识的专项继续教育工作，对中高级林业专业技术人才的培训达到5万人次。二是林业职业标准建设得到加强。组织编制的造林更新工、护林员、自然保护区巡护检测员、森林防火员等4个职业（工种）国家职业标准已得到国家批准颁布。三是林业职业技能鉴定工作稳步发展。举办了10期林业职业技能鉴定考核，获取国家劳动主管部门颁发的《职业资格证书》，比2005年增加69.15%，其中12155人次获得高级及其以上的《职业资格证书》，比2005年增长65.55%（王柳云等，2002）。

### （三）融资能力

资金是企业的血液，是维持企业正常生产经营和发展壮大的前提条件。由于资金不足，导致企业新产品开发投入不足，市场开拓力度不够，固定资产难以更新，优秀人才难以吸引，信息获取条件有限等一系列问题，在很大程度上阻碍了企业健康和快速地发展（郭涛，2003）。企业为满足资金需求，必然要进行融资。融资主要是指资金的融通，也就是通常所说的资金来源，即企业从自身经济活动现状及资金运用情况出发，经过科学的预测和决策，通过一定的渠道采用一定的方式，利用内部积累或向外部资金供给者筹集资金以保证经济活动对资金需要的一种行为（洪振挺，2007）。企业能否顺利融通到发展资金，取决于企业的融资能力。融资能力是为了维系资金循环运动达到企业持续生存发展的目的，在资金资源有限的条件下，企业所具有的能够持续地、及时地、以较高的融资效率融通资金的能力。按资金来源的性质，企业的融资能力主要由内源融资能力、权益融资能力和负债融资能力构成（洪振挺，2007）。用公式表示为：

$$C=f\ (I,\ S,\ D) \qquad (2\text{-}10)$$

式2-10中，$C$表示融资能力函数，$I$表示内源融资能力，$S$表示权益融资能力，$D$表示负债融资能力。

1. 内源融资能力

内源融资能力是企业在不断将自己的储蓄转化为投资的过程中，将其所获得的收入和利润重新投入到企业生产经营过程中，参加资金再循环的能力。内源融资由于是企业内部挖潜，是对企业原有闲置资产的利用，并不涉及企业资金的所有权、控制权的变更和转移，企业不必对外付出任何代价，也不需要还本付息，具有原始性、自主性、低成本性和抗风险性等特点，是一种低成本、高收效的融资方式。因此，内源融资是企业融资的重要来源。内源融资来源于企业从税后利润中提取的盈余公积金、资本公积金及未分配利润，此外还包括企业接受的捐赠资金等企业内部留存的资金。可见，利润是企业内源融资的主要来源，盈利能力是衡量企业内源融资能力的重要尺度。总资产贡献率反映企业全部资产的获利能力，是企业经营业绩和管理水平的集中体现，是评价和考核企业盈利能力的核心指标。计算公式为：

$$\text{总资产贡献率} = \frac{\text{利润总额} + \text{税金总额} + \text{利息支出}}{\text{平均资金总额}} \times 100\% \quad (2\text{-}11)$$

这里利用总资产贡献率来衡量中国木材产业的内源融资能力。根据表2-13，2000~2006年中国木材产业内源融资能力不断增强。2000年木材加工业、家具制造业、造纸及纸制品业的总资产贡献率分别为7.95%、9.17%和6.92%，2006年分别增至13.65%、11.44%和10.22%，7年间分别增长了5.70%、2.27%和3.30%。

根据表2-14，在中国轻工业中，木材产业的内源融资能力较弱。2006年中国14个轻工行业总资产贡献率的排名中，木材加工业排在第5位，家具制造业排在第9位，造纸及纸制品业排在第11位。其中，除了木材加工业的总资产贡献率略高于全国工业平均水平之外，家具制造业、造纸及纸制品业的总资产贡献率均低于全国工业平均水平。

**表2-13　2000~2006年中国木材产业总资产贡献率　单位：%**

Tab. 2-13　Contribution rate of total assets of Chinese timber industry from 2000 to 2006　Unit：%

| 年份 | 木材加工业 | 家具制造业 | 造纸及纸制品业 |
|---|---|---|---|
| 2000 | 7.95 | 9.17 | 6.92 |
| 2001 | 7.65 | 9.10 | 6.94 |
| 2002 | 7.84 | 8.95 | 8.20 |
| 2003 | 8.38 | 8.73 | 8.51 |
| 2004 | 10.88 | 9.81 | 9.02 |
| 2005 | 12.15 | 10.40 | 9.09 |
| 2006 | 13.65 | 11.44 | 10.22 |

注a：数据来自历年中国统计年鉴；

注b：统计口径为国有及规模以上非国有工业企业；

注c：木材加工业全称为木材加工及木、竹、藤、棕、草制品业，以下均同。

**表 2-14　2006 年中国轻工业各行业总资产贡献率　单位:%**

Tab. 2-14　Contribution rate of total assets of Chinese light industry in 2006　Unit: %

| 行业 | 总资产贡献率 | 排名 |
|---|---|---|
| 烟草制品业 | 61.17 | 1 |
| 饮料制造业 | 17.65 | 2 |
| 皮革、毛皮、羽毛（绒）及其制品业 | 14.55 | 3 |
| 食品制造业 | 13.79 | 4 |
| 木材加工及木、竹、藤、棕、草制品业 | 13.65 | 5 |
| 农副食品加工业 | 13.63 | 6 |
| 工艺品及其他制造业 | 12.97 | 7 |
| 纺织服装、鞋、帽制造业 | 12.47 | 8 |
| 家具制造业 | 11.44 | 9 |
| 印刷业和记录媒介的复制 | 10.52 | 10 |
| 造纸及纸制品业 | 10.22 | 11 |
| 纺织业 | 10.04 | 12 |
| 文教体育用品制造业 | 9.41 | 13 |
| 化学纤维制造业 | 6.53 | 14 |
| 全国平均 | 12.74 | |

注 a：数据来自 2007 年中国统计年鉴；

注 b：统计口径为国有及规模以上非国有工业企业。

2. 权益融资能力

权益融资能力是企业争取获得投资的能力，表现为企业能够获得投资方的投资额度。如果企业盈利能力强，投资回报率高，企业就能够得到投资者的青睐，权益融资能力就强。上市融资是指股份有限公司通过公开发行股票，并在证券交易所挂牌交易进行融资，上市融资是最主要的权益融资方式（王希迎等，2005）。随着资本市场的发展，金融产品的创新，企业获取权益融资能力的途径会越来越多，除了直接接受个人或机构投资、企业上市外，还包括信托基金、合作开发等。

由于统计资料的限制，这里仅从上市融资的角度研究中国木材产业权益融资能力。中国木材加工业和家具制造业权益融资能力较弱。根据表 2-15，2004 ~ 2006 年两个行业上市公司仅从 2 家增至 4 家，同期上市公司资产总计仅从 30.06 亿元增至 46.48 亿元，占两个行业资产总计的比重不到 2%。相比之下，造纸及纸制品业权益融资能力较强。2004 ~

2006年该行业上市公司从28家增至30家，同期上市公司资产总计从592.88亿元增至871.99亿元，占该行业资产总计的比重在11%左右。

**表2-15 2004～2006年中国木材产业上市融资情况**

Tab. 2-15 Listing financing of Chinese timber industry from 2004 to 2006

| 行业 | 年份 | 上市公司数量（个） | 上市公司资产总计（亿元） | 上市公司资产所占比重（%） |
|---|---|---|---|---|
| 木材加工业<br>家具制造业 | 2004 | 2 | 30.06 | 1.65 |
| | 2005 | 4 | 39.71 | 1.67 |
| | 2006 | 4 | 46.48 | 1.58 |
| 造纸及纸制品业 | 2004 | 28 | 592.88 | 11.26 |
| | 2005 | 28 | 652.05 | 10.14 |
| | 2006 | 30 | 871.99 | 11.95 |

注a：数据来源于2007年中国上市公司年鉴；

注b：上市公司资产所占比重＝上市公司资产总计/国有及规模以上非国有工业企业资产总计×100%。

3. 负债融资能力

负债融资能力即企业通过举债的方式所能获得资金的能力，具体包括来自供应商的贸易信贷等非银行融资、金融机构的中长期借款和公开市场债券融资等（苗淑娟，2007）。其中，银行贷款是负债融资的主要方式。从微观角度上看，资产负债率既反映企业经营风险的大小，也反映企业利用债权人提供的资金从事经营活动的能力，是衡量负债融资能力的重要指标。只要资产负债率处于企业可以承担的经营风险范围内，资产负债率越高，说明企业的负债融资能力越强。资产负债率的计算公式为：

$$资产负债率=\frac{负债总额}{资产总额}\times100\% \tag{2-12}$$

式2-12中，资产与负债均为报告期期末数。

木材产业的资金大部分来源于负债融资。根据表2-16，2000～2006年中国木材加工业资产负债率在50%以上，同期家具制造业资产负债率在55%以上，造纸及纸制品业资产负债率高达60%以上。可见，在当前木材产业的金融格局下，负债融资仍然是木材产业获取资金的主要方式。2000 年木材加工业、家具制造业、造纸及纸制品业的资产负债率分别为 65.65%、56.29% 和 65.98%，2006 年分别降至 54.23%、55.99%和60.12%，7 年间分别降低了 11.42%、0.30%和 5.86%。这说明中国木材产业负债融资能力有所减弱。

**表 2-16　2000～2006 年中国木材产业资产负债率　单位：%**

Tab. 2-16　Asset-liability ratio of Chinese timber industry from 2000 to 2006　Unit：%

| 年份 | 木材加工业 | 家具制造业 | 造纸及纸制品业 |
|---|---|---|---|
| 2000 | 65.65 | 56.29 | 65.98 |
| 2001 | 61.81 | 55.58 | 63.96 |
| 2002 | 61.05 | 55.27 | 63.71 |
| 2003 | 58.44 | 56.08 | 62.40 |
| 2004 | 56.43 | 57.65 | 61.41 |
| 2005 | 54.79 | 57.39 | 61.57 |
| 2006 | 54.23 | 55.99 | 60.12 |

注 a：数据来自历年中国统计年鉴；

注 b：统计口径为国有及规模以上非国有工业企业。

根据表 2-17，在中国 14 个轻工行业的资产负债率中，造纸及纸制品业处于第 2 位，家具制造业处于第 6 位，木材加工业处于第 8 位，说明造纸及纸制品业的负债融资能力较强，而家具制造业和木材加工业在这一方面处于中等水平。

企业负债按照偿付时期的长短，分为短期负债和长期负债，其中短期负债又称为流动负债，负债总额为流动负债和长期负债之和。负债融资要求企业在规定的期限内必须支付利息，在债务期限结束时必须偿还本金，当企业不能按时偿付债务时，债权人有权申请对负债企业进行清算重组，因而负债融资对企业构成了一定的融资风险。流动负债是融资风险的主要来源，相比长期负债而言，流动负债要求企业偿付的时限短，企业偿还债务的压力大，可以说，流动负债所占比重越大，企业面临的融资风险就越大。根据表 2-18，2003～2006 年木材加工业流动负债所占比重接近 80%，家具制造业高达 90%，造纸及纸制品业也在 70%以上。可见，中国木材产业负债融资的绝大部分资金来自流动负债，说明该产业面临的融资风险较大。总之，通过对中国木材产业融资能力的分析，可以得出结论，即：木材产业内源融资薄弱，权益融资缺乏，负债融资结构失衡。可见，中国木材产业在资源的投入与配置方面存在诸多亟待解决的问题。

**表 2-17　2006 年中国轻工业各行业资产负债率　单位：%**

Tab. 2-17　Asset-liability ratio of Chinese light industry in 2006　Unit：%

| 行业 | 资产负债率 | 排名 |
|---|---|---|
| 纺织业 | 60.24 | 1 |
| 造纸及纸制品业 | 60.12 | 2 |
| 化学纤维制造业 | 59.68 | 3 |
| 农副食品加工业 | 57.55 | 4 |
| 皮革、毛皮、羽毛（绒）及其制品业 | 56.92 | 5 |
| 家具制造业 | 55.99 | 6 |
| 食品制造业 | 54.68 | 7 |
| 木材加工及木、竹、藤、棕、草制品业 | 54.23 | 8 |
| 工艺品及其他制造业 | 53.85 | 9 |
| 文教体育用品制造业 | 53.79 | 10 |
| 纺织服装、鞋、帽制造业 | 53.74 | 11 |
| 饮料制造业 | 53.35 | 12 |
| 印刷业和记录媒介的复制 | 51.15 | 13 |
| 烟草制品业 | 30.87 | 14 |
| 全国平均 | 57.46 | |

注 a：数据来自 2007 年中国统计年鉴；

注 b：统计口径为国有及规模以上非国有工业企业。

**表 2-18　2003 ~ 2006 年中国木材产业流动负债所占比重　单位：%**

Tab. 2-18　Proportion of current liabilities of Chinese timber industry from 2003 to 2006　Unit：%

| 年份 | 木材加工业 | 家具制造业 | 造纸及纸制品业 |
|---|---|---|---|
| 2003 | 77.26 | 90.04 | 74.27 |
| 2005 | 77.40 | 91.34 | 72.27 |
| 2006 | 79.82 | 90.62 | 72.13 |

注 a：数据来自历年中国统计年鉴，统计口径为国有及规模以上非国有工业企业；

注 b：流动负债所占比重 = 流动负债/负债总额 × 100%；

注 c：由于统计资料的限制，2004 年数据缺失。

# 第三章

# 原始性资源与产业发展

通过了解资源投入与配置的现状和各种资源的运行规律，能够基本把握中国木材产业资源基础的水平状态。但是，要进一步把握资源基础的不同组成部分对产业发展的作用，还需要对资源与产业发展的关系展开研究。本章则首先基于原始性资源的视角，分别从木材资源、劳动力资源和物质资本三种资源，探讨各自与产业发展的内在联系。

## 一、木材资源与产业发展

由于国内木材资源稀缺，进口成为国内木材资源供给的重要途径。原木是中国进口的第三大林产品①，2006 年进口量达到 3215.29 万 $m^3$，占到国内原木总供给量的 32.72%（国家林业局，2006）。原木进口对于解决中国木材供给短缺，促进中国木材产业发展具有重要的现实和战略意义。

据调查，进口原木主要是多年生、径级大、材质好的针叶材和阔叶材，大多用于胶合板、木制品和木制家具的生产。因此，可以一般地判断，原木进口与胶合板、木制品和木制家具等的出口，存在着某种长期均衡关系。为了研究中国原木进口与木质林产品出口之间的均衡关系，这里选取胶合板、木制品和木制家具作为衡量木质林产品出口的主要产品，对原木进口与木质林产品出口进行实证分析。由于胶合板、木制品和木制家具是中国出口的主要木质林产品②，原木进口与这些出口产品

---

① 按进口额计算，2005 年中国进口的木质林产品排在前三位的分别是：木浆（36.95 亿美元）、纸及纸制品（35.10 亿美元）、原木（32.44 亿美元）。

② 根据中国林业发展报告提供的数字计算，2005 年胶合板、木制品和木制家具的出口额占中国木质林产品出口总额的 77.45%。

之间的均衡关系，能够在较大程度上反映出中国原木进口与木质林产品出口之间的均衡关系。学术界对木材进口的研究集中在木材进口与国内供给之间的关系上，研究的重点集中在包括进口材对中国木材产业发展的作用、国产材对进口材的替代、中国木材进口的现状及发展趋势等问题上。对于这些问题学术界的观点是一致的，多数学者肯定了木材进口对中国木材产业发展起到的重要作用，主张大力发展人工林保证木材供给安全，对未来中国木材供给的自给能力普遍持乐观态度，但是学术界对木材进口与木质林产品出口之间的关系研究较少。从研究方法上，学术界对木材进口问题的研究多数采取定性分析和理性推断的方法，而采取计量经济研究方法的较少。为了弥补此前有关研究的不足，本研究运用实证的方法，试图从定量的角度探讨木材进口与木制品出口之间的关系。

**（一）实证方法的选择**

由于选取了时间序列数据，本文采用协整分析方法和 Granger 因果关系检验分析方法。协整分析是研究非平稳时间序列相关关系的有效方法，它是从经济变量数据所显示的关系出发，判定变量之间的长期均衡关系。Granger 因果关系检验是检验变量之间因果关系的有效方法，能够从统计意义上判断两个变量之间是否存在因果性的方向。两种方法结合使用就可以较为准确的确定变量之间的理论关系。

实证步骤如下（孙敬水等，2004）：

第一，检验两变量的单位根，以判定时间序列的单整的阶；

第二，若两变量是同阶单整的，则用 OLS 法估计协整方程；

第三，应用单位根法判定残差序列的平稳性，以检验两变量之间的协整关系；

第四，对两变量进行 Granger 因果关系检验。

**（二）数据选取**

根据中国林业统计年鉴，关于中国木质林产品进出口相对完整的统计数据始于 1993 年，因此本文采取 1993 ~ 2006 年中国原木进口与木质林产品出口的年度数据作为建模基础（表 3-1）。设木质林产品出口额

为 $x_t$，原木进口量为 $y_t$，其中 $t$ 表示年份。本文采取弹性分析方法，试图建立 $\ln x_t$ 与 $\ln y_t$ 之间的协整关系模型。因此，对 $x_t$ 和 $y_t$ 取自然对数，转化为 $\ln x_t$ 和 $\ln y_t$（表 3-2）。

**表 3-1　1993～2006 年中国木质林产品出口额与原木进口量**

Tab. 3-1　Export value of woody forest products and import quantity of logs in China from 1993 to 2006

| 年份 | 木质林产品出口额（亿美元） | 原木进口量（万 $m^3$） |
|---|---|---|
| 1993 | 12.27 | 345.88 |
| 1994 | 15.90 | 333.46 |
| 1995 | 19.76 | 258.26 |
| 1996 | 20.91 | 318.55 |
| 1997 | 26.11 | 446.23 |
| 1998 | 26.21 | 482.30 |
| 1999 | 31.53 | 1013.57 |
| 2000 | 39.73 | 1361.17 |
| 2001 | 44.47 | 1686.38 |
| 2002 | 58.33 | 2433.30 |
| 2003 | 76.29 | 2545.55 |
| 2004 | 106.36 | 2630.85 |
| 2005 | 134.00 | 2936.80 |
| 2006 | 174.48 | 3215.29 |

注 a：数据引自历年中国林业发展报告，经整理得到；

注 b：木质林产品限于胶合板、木制品和木制家具等主要出口产品。

**表 3-2　协整分析数据**

Tab. 3-2　Cointegration analysis of data

| 年份 | $\ln x_t$ | $\ln y_t$ |
|---|---|---|
| 1993 | 2.219203 | 5.846092 |
| 1994 | 2.513656 | 5.809523 |
| 1995 | 2.737609 | 5.553967 |
| 1996 | 2.807594 | 5.763779 |
| 1997 | 3.052113 | 6.100835 |
| 1998 | 3.057298 | 6.178566 |
| 1999 | 3.276767 | 6.921234 |
| 2000 | 3.500741 | 7.216100 |
| 2001 | 3.603322 | 7.430339 |

（续）

| 年份 | $\ln x_t$ | $\ln y_t$ |
|---|---|---|
| 2002 | 3.911623 | 7.797004 |
| 2003 | 4.191169 | 7.842102 |
| 2004 | 4.544783 | 7.875062 |
| 2005 | 4.775841 | 7.985076 |
| 2006 | 5.042586 | 8.075673 |

注 a：$\ln x_t$是木质林产品出口额的对数值；

注 b：$\ln y_t$是原木进口量的对数值。

### （三）单位根检验

根据协整理论，同阶单整是检验时间序列是否存在协整关系的前提条件，即只有同阶单整的时间序列才可能存在协整关系。单位根检验是检验时间序列单整的主要方法，本文采用 ADF 检验法检验单位根。ADF 检验结果表明，$\ln x_t$和 $\ln y_t$的 ADF 值均大于显著水平 1% 的临界值，即在 1% 的显著性水平下，接受序列 $\ln x_t$和 $\ln y_t$有单位根的假设；同时，二阶差分$\triangle^2\ln x_t$和$\triangle^2\ln y_t$的 ADF 值均小于显著水平 1% 的临界值，ADF 检验拒绝了$\triangle^2\ln x_t$和$\triangle^2\ln y_t$具有单位根的假设（表 3-3）。因此，$\ln x_t$和 $\ln y_t$都是二阶单整 I（2）序列。由于上述序列均通过了单位根检验，而且所有变量又是同阶单整的，这样，就可以对这些变量之间是否存在协整关系作进一步的检验。

**表 3-3　$\ln x_t$、$\ln y_t$、$\triangle^2\ln x_t$和$\triangle^2\ln y_t$的单位根检验结果**

Tab. 3-3　Unit root test results of $\ln x_t$, $\ln y_t$, $\triangle^2\ln x_t$和$\triangle^2\ln y_t$

| 变量 | ADF 值 | 检验类型（C，T，K） | 1% 临界值 | 5% 临界值 | 是否平稳 |
|---|---|---|---|---|---|
| $\ln x_t$ | -0.719135 | （C，T，0） | -4.886426 | -3.828975 | 否 |
| $\ln y_t$ | -3.212713 | （C，T，3） | -5.295384 | -4.008157 | 否 |
| $\triangle^2\ln x_t$ | -6.890751 | （N，N，0） | -2.792154 | -1.977738 | 是 |
| $\triangle^2\ln y_t$ | -3.308001 | （N，N，4） | -2.937216 | -2.006292 | 是 |

注 a：“$\triangle^2$”表示二阶差分；

注 b：检验类型（C，T，K）分别表示所设定的检验方程含有截距项、时间趋势项以及所选的滞后项数；

注 c：N 指不包括截距项或时间趋势项。

## （四）协整检验

1. 协整模型的建立

建立 $\ln x_t$和 $\ln y_t$之间的协整模型：

$$\ln y_t = \alpha + \beta \ln x_t + \varepsilon_t \tag{3-1}$$

对式 3-1 两边同时求导，得到：

$$\frac{\mathrm{d}y_t}{y_t} = \beta \times \frac{\mathrm{d}x_t}{x_t} \tag{3-2}$$

对式 3-2 进一步变形得到：

$$\frac{\mathrm{d}y_t}{\mathrm{d}x_t} = \beta \times \frac{y_t}{x_t} \tag{3-3}$$

根据弹性函数的定义，得到 $yt$ 对 $xt$ 的弹性系数 $\eta$（$xt$）：

$$\eta(x_t) = \frac{\mathrm{d}y_t}{\mathrm{d}x_t} \times \frac{x_t}{y_t} = \beta \tag{3-4}$$

式 3-4 表明，如果 $\ln x_t$和 $\ln y_t$之间的协整关系成立，$\beta$ 为 $y_t$对 $x_t$的弹性系数，即木质林产品出口额每增长 1%，原木进口量平均增长 $\beta$%。为了建立 $\ln x_t$和 $\ln y_t$之间的协整关系，本文运用 Eviews 5.0 统计软件，对 $\ln x_t$和 $\ln y_t$进行 OLS 线性估计，并消除了二阶自相关，得到如下分析结果（表 3-4）：

根据表 3-4，协整回归方程为：

$$\begin{aligned} \ln y_t &= 3.3835 + 0.9963 \ln x_t \\ (t)&\cdot(3.5700^*)(3.9641^*) \\ AR(1) &= 1.1803 AR(2) = -0.5678 \\ R^2 &= 0.9527 DW = 2.4650 \end{aligned} \tag{3-5}$$

注：* 表示 1% 水平显著性，** 表示 5% 水平显著性。

从统计检验来看，$R^2$ = 0.9527，说明该方程的拟合优度较高；F 检验 = 53.74，说明总体显著性较好；估计量 β 的 T 检验为 3.9641，表明 β 显著不为零；$DW$ 值为 2.4650，表明方程（3-5）不存在一阶自相关问题。

**表 3-4 回归结果**

Tab. 3-4 Regression results

因变量（Dependent Variable）：$\ln y_t$

方法（Method）：最小二乘法（Least Squares）

样本（调整后）[Sample（adjusted）]：1995 2006

包括的观测值（Included observations）：调整后 12 个（12 after adjustments）

经过 7 次迭代后收敛（Convergence achieved after 7 iterations）

| 变量（Variable） | 系数（Coefficient） | 标准误（Std. Error） | t 统计量（t-Statistic） | 概率值（Prob.） |
|---|---|---|---|---|
| C | 3.383495 | 0.947749 | 3.570032 | 0.0073 |
| $\ln x_t$ | 0.996268 | 0.251326 | 3.964051 | 0.0042 |
| AR（1） | 1.180326 | 0.290966 | 4.056582 | 0.0037 |
| AR（2） | -0.567826 | 0.287136 | -1.977548 | 0.0834 |
| 决定系数（R-squared） | 0.952725 | 因变量的平均值（Mean dependent var） | 7.061645 | |
| 修正的决定系数（Adjusted R-squared） | 0.934997 | 因变量的标准差（S. D. dependent var） | 0.930910 | |
| 回归的标准误（S. E. of regression） | 0.237342 | 赤池准则（Akaike info criterion） | 0.222574 | |
| 残差平方和（Sum squared resid） | 0.450650 | 施瓦茨准则（Schwarz criterion） | 0.384209 | |
| 对数似然值（Log likelihood） | 2.664557 | F 统计量（F-statistic） | 53.74087 | |
| DW 统计量（Durbin-Watson stat） | 2.465007 | 概率值（F 统计量）[Prob（F-statistic）] | 0.000012 | |
| AR 的倒数根（Inverted AR Roots） | .59 -.47i | .59 +.47i | | |

2. 残差的单位根检验

$e_t$是方程（3-5）的残差序列，对 $e_t$的平稳性检验表明，$e_t$的 ADF 值小于1%的临界值，即在1%的显著性水平下，残差序列 $e_t$通过了平稳性检验，这说明中国原木进口量与木质林产品出口额之间存在长期的动态均衡关系，即协整关系（表 3-5）。因此，可以得出结论：$y_t$对 $x_t$的弹性系数为 0.9963，即中国木质林产品出口额每增长 1%，原木进口量平均增长 0.9963%。

**表 3-5　回归方程残差的单位根检验结果**

Tab. 3-5　Unit root test results of regression equation residuals

| 变量 | ADF 值 | 检验类型（C，T，K） | 1% 临界值 | 5% 临界值 | 是否平稳 |
|---|---|---|---|---|---|
| $e_t$ | -5.468719 | (N，N，0) | -2.792154 | -1.977738 | 是 |

注 a：检验类型（C，T，K）分别表示所设定的检验方程含有截距项、时间趋势项以及所选的滞后项数；

注 b：N 指不包括截距项或时间趋势项。

## （五）Granger 因果关系检验

协整检验结果证明了中国原木进口量与木质林产品出口额之间存在长期稳定的均衡关系，但这种均衡关系是否构成因果关系还需进一步检验。因为 $\ln x_t$ 和 $\ln y_t$ 均为二阶单整 I（2）序列，所以对两变量的二阶差分 $\Delta^2 \ln x_t$ 和 $\Delta^2 \ln y_t$ 做 Granger 因果关系检验。根据表 3-6，Granger 检验得到的结论是：中国原木进口增长不是导致木质林产品出口规模扩大的格兰杰原因，而中国木质林产品出口规模扩大是导致原木进口增长的格兰杰原因。可见，中国木质林产品出口规模与原木进口之间存在单项的因果关系，这也证明了“木质林产品出口规模扩大刺激中国原木进口增长”的假说。

**表 3-6　中国原木进口与木质林产品出口的 Granger 因果关系检验**

Tab. 3-6　Granger causality test of China's imports of logs and wood forest product exports

| 原假设 | 滞后阶数 | *F* 统计量 | 概率值 |
|---|---|---|---|
| $\Delta^2 \ln x_t$ does not Granger Cause $\Delta^2 \ln y_t$ | 1 | 15.2092 | 0.00455 |
| $\Delta^2 \ln y_t$ does not Granger Cause $\Delta^2 \ln x_t$ | 1 | 2.66956 | 0.14093 |

## （六）分析结论

以上实证结果表明，中国原木进口增长与木质林产品出口规模扩大之间存在显著的正相关性，而且中国木质林产品出口规模扩大是原木进口增长的格兰杰因果关系。说明中国木质林产品出口贸易的发展是建立在资源消耗型的外贸增长方式基础上的，进口原木已成为中国木质林产品出口重要的资源基础。

木质林产品出口的快速发展加大了中国原木进口的压力，而与此同时中国原木进口却受到了国际社会的种种限制。俄罗斯、马来西亚、巴布亚新几内亚等是中国原木的主要供给国，出于保护本国资源的考虑以及环保等问题的压力，这些国家纷纷出台政策，限制甚至禁止原木出口，这增加了中国原木进口的难度。其中，俄罗斯对原木出口的限制对中国木质林产品出口的影响最大。俄罗斯是中国原木进口的主要来源国，2005 年中国从俄罗斯进口的原木占中国原木进口总量的 68.25%（中国木业国际网，2007）。2007 年 7 月俄罗斯政府将原木的出口关税由 6.5% 提高到 10%，2008 年 4 月进一步提高到 20%，2009 ~ 2010 年俄罗斯海关将对出口原木征收 80% 的关税（国家林业局，2008）。由于进口成本的大幅提高，将严重限制中国进口俄罗斯原木的规模，这意味着中国可能在未来几年内失去主要的原木供给来源。可以预测，随着世界各国森林资源保护力度的日益加大，国际原木贸易将受到越来越大的阻力，中国原木进口的难度也将随之增大。可见，原木进口的约束条件决定了中国无法支撑资源消耗型木质林产品出口的长期发展。

## 二、劳动力资源与产业发展

根据资源禀赋理论，各国应该出口密集使用自身相对丰富、价格相对便宜的生产要素生产的产品，进口自身相对短缺、价格高的要素密集生产的产品（Heckscher E，1919；Ohlin B，1933）。资源禀赋系数（EF）就是根据要素禀赋理论，国际上通常采用的，用于反映一个国家某种资源相对丰富程度的计量指标，其定义为：某一国家某种资源在世界的份额与该国国内生产总值在全世界国内生产总值中的份额之比。其计算公式为：

$$EF = (V_i / V_{wi}) / (Y/Y_w) \tag{3-6}$$

式（3-6）中 $V_i$为某一国家拥有的 $i$ 资源，$V_{wi}$为世界拥有的 $i$ 资源，$Y$

为该国的国内生产总值，$Y_w$为世界国内生产总值。如果 EF >1，则该国 $i$ 资源在赫-俄模型意义上是丰富的，具有比较优势。如果 EF <1，则该国 $i$ 资源在赫-俄模型意义上是稀缺的，不具有比较优势（山世英等，2005）。中国木材产业劳动力资源的状况是与中国劳动力资源的整体水平密不可分的。由于缺乏世界各国木材产业劳动力资源的相关统计资料，本文以中国劳动力资源禀赋的整体水平作为衡量中国木材产业劳动力资源禀赋的替代性指标。根据公式，计算得到表 3-7， 反映出中国木材产业劳动力资源禀赋变化的两个趋势：首先，1991 ~ 2006 年中国的劳动力资源禀赋系数较高，不仅远高于美国等发达国家，也高于韩国等工业化国家，说明中国的劳动力成本优势明显。劳动力是中国最为丰富的生产要素，是构建木材产业比较优势的基础，对于产业成长发挥了巨大作用。中国木材产业正是依靠丰富的劳动力资源参与国际竞争的，生产和出口劳动密集型产品，从而取得了飞速发展。凭借劳动力成本优势，中国木材产业拥有极强的价格优势，得以迅速占领国际市场。目前，中国已经在人造板、家具和木制品等多类木质林产品上，成为世界第一大生产国和出口国。虽然中国木材产业劳动力效率低，在一定程度上削弱了劳动力成本优势，但是，总的来看，中国木材产业劳动力成本

**表 3-7　1991 ~ 2006 年各国的劳动力资源禀赋系数**

Tab. 3-7　Resource endowment index of labor force all over the world from 1991 to 2006

| 国家 | 1991 | 1996 | 2001 | 2006 |
|---|---|---|---|---|
| 中国 | 16. 63 | 9. 54 | 6. 26 | 4. 63 |
| 芬兰 | 0. 19 | 0. 22 | 0. 23 | 0. 20 |
| 法国 | 0. 19 | 0. 19 | 0. 22 | 0. 19 |
| 德国 | 0. 21 | 0. 19 | 0. 24 | 0. 22 |
| 印度尼西亚 | 5. 67 | 4. 44 | 6. 90 | 4. 73 |
| 意大利 | 0. 19 | 0. 21 | 0. 24 | 0. 21 |
| 马来西亚 | 1. 42 | 0. 98 | 1. 29 | 1. 17 |
| 美国 | 0. 21 | 0. 21 | 0. 16 | 0. 19 |
| 越南 | 31. 63 | 16. 90 | 13. 72 | 11. 59 |
| 韩国 | 0. 60 | 0. 45 | 0. 53 | 0. 44 |

注 a：原始数据来源于世界银行在线数据库。

优势依然明显。廉价的劳动力为中国木材产业的形成和成长起到了决定性的作用，可以说，劳动力是中国木材产业形成比较优势的基石。其次，1991～2006年中国的劳动力资源禀赋系数持续下降，从1991年的16.63降至2006年的4.63，说明中国的劳动力成本优势已经被大大削弱了。2006年中国的劳动力资源禀赋系数低于印度尼西亚，更低于越南，说明与印度尼西亚和越南相比，中国的劳动力成本处于劣势。这反映出劳动力成本优势是不可以长期保持的。随着中国经济的快速发展，工人的工资收入逐步提高，社会福利保障日趋完善，劳动力成本必将大幅上升，意味着木材产业的价格优势也将逐步消失。比如，由于2008年新劳动法的实施，工人的福利待遇得到空前强化，劳动力成本大幅上涨，导致大批木材加工企业关停并转，部分企业甚至将生产基地转移到劳动力价格更加低廉的东南亚国家。这说明中国木材产业基于劳动力成本的比较优势是不可持续的。

## 三、物质资本与产业发展

物质资本是指以物质形态存在于生产中的资本，包括土地、厂房、设备、交通工具等。物质资本对于产业的重要性是毋庸置疑的。物质资本作为不可缺少的生产要素，是产业存在与发展的基础。但是，物质资本存在边际收益递减规律，对产业发展的作用是有限的。

所谓边际收益，系指某种生产要素的边际产量，即企业产出的总量相对于该种生产要素投入量的变化率（金镝，1997）。在图3-1中，横轴代表物质资本投入量，纵轴代表产量。TP为总产量曲线，AP为平均产量曲线，MP为边际产量曲线。在其他生产要素投入不变的情况下，随着物质资本投入量的不断增加，总

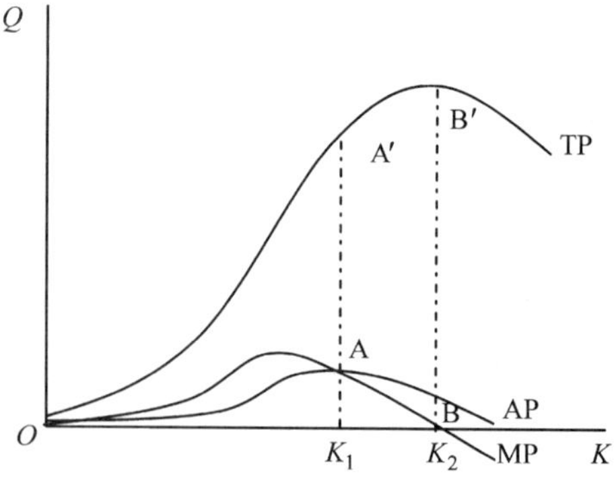


**图3-1　产量曲线**

Fig. 3-1　Production curve

产量、平均产量和边际产量都是先递增，当增加到一定程度后又递减，即边际收益递减规律。边际收益递减规律表现在以下两个方面：

（1）边际产量与总产量的关系。当边际产量为零时，总产量达到最高。由于边际产量是总产量的增量，因而当边际产量为正数时，即总产量的增量是正数，总产量就是递增的；当边际产量成为负数以后，即总产量的增量是负数，总产量就递减了。

（2）边际产量与平均产量的关系。边际产量曲线相交于平均产量曲线的最高点 A。在图 3-1 中，当物质资本投入量小于 $K_1$ 时，边际产量大于平均产量，其增加物质资本投入的结果会使平均产量增加。相反，当物质资本投入量超过 $K_1$ 以后，边际产量小于平均产量，其增加物质资本投入的结果必然会使平均产量下降。

边际收益递减规律说明物质资本对产业发展的作用是有限的，物质资本投入并非越多越好，客观上存在着最优规模的限制。单纯依靠物质资本投入来促进产业发展是乏力的，并且是对物质资本极大的浪费，即使能够获取暂时的增长，也只是数量上的扩张，而并非质量上的提高。

物质资本投入的局限性可以通过中国经济增长的相关数据予以证明。中国物质资本形成占 GDP 的比重，1980 年为 34.90%，1995 年为 40.80%，2000 年为 36.40%，至 2003 年高达 42.70%。“六五”至“十五”中每个五年计划的前三年，每增加 1 亿元 GDP 需要的物质资本投资分别是 1.80 亿元、2.15 亿元、1.60 亿元、4.49 亿元和 4.99 亿元（王逢宝，2007）。虽然有一些不可比的因素，但是这些数据仍可反映出：随着中国物质资本投入规模的不断扩大，物质资本的边际收益呈现逐渐递减的趋势。上述事实充分表明，物质资本投资不可能成为推动产业持续发展的核心力量，也就不可能成为构建产业竞争优势的基础。

# 第四章

# 创出性资源与产业发展

在分析了原始性资源与产业发展关系的基础上，本章基于创出性资源的视角，通过理论研究与实证分析相结合，分别研究技术资源、智力资本、融资能力与产业发展的关系，归纳出创出性资源与产业发展关系的一般规律，揭示创出性资源对产业发展的作用。

## 一、技术资源与产业发展

对于产业整体而言，技术资源主要来源于两个途径：一是技术创新，二是技术引进。技术创新与技术引进是辩证的统一体，两者之间是相辅相成、相互促进的关系，下面分别就两者与产业发展的关系展开分析。

### （一）技术创新与产业发展

技术创新与产业发展的关系是经济学中的一个传统话题，也是国内外学者一直研究的热点问题。技术创新是推进中国木材产业发展的关键因素，而创新资金投入则是技术创新的动力。本文运用时间序列经济计量技术，对中国木材产业技术创新投入和产业发展的关系进行实证分析。在科技活动所需要的各种投入要素中，科技财力资源具有相对重要的地位和决定性意义，是科技生产的基本要素和先决条件。因此，这里在研究技术资源投入与产业发展的动态均衡的同时，从技术资源系统中的科技财力资源出发进行测算分析。

1. 变量选择及样本数据说明

产出总量指标设为 $Y_t$，选取中国木材产业的工业总产值，实际工业总产值由名义工业总产值按照居民消费指数（CPI）平减得到。科技经费支出额是指机构范围内当年为开展科技活动所实际开支的费用，能够较好地体现出科技活动经费的使用情况，且此项指标在中国统计工作中应用年限长，适合作时间序列分析，因此科技财力资源指标选用中国木材产业的科技活动经费支出额，设为$K_t$，需通过CPI指数平减得到。样本区间为1990～2005年，居民消费指数来源于历年中国统计年鉴，其余各项指标均来源于历年中国科技统计年鉴。数据详见表4-1。

**表4-1　1990～2005年中国木材产业技术资源投入与经济发展数据　单位：亿元**

Tab. 4-1　Technology resources input and economic development of Chinese timber industry from 1990 to 2005　Unit: ten million yuan

| 年份 | $Y_t$ | $K_t$ | $\ln Y_t$ | $\ln K_t$ |
|---|---|---|---|---|
| 1990 | 207.48 | 2.97 | 5.34 | 1.09 |
| 1991 | 235.16 | 3.16 | 5.46 | 1.15 |
| 1992 | 264.85 | 3.23 | 5.58 | 1.17 |
| 1993 | 459.91 | 2.85 | 6.13 | 1.05 |
| 1994 | 264.03 | 3.31 | 5.58 | 1.20 |
| 1995 | 311.36 | 2.92 | 5.74 | 1.07 |
| 1996 | 343.70 | 2.67 | 5.84 | 0.98 |
| 1997 | 348.11 | 2.92 | 5.85 | 1.07 |
| 1998 | 334.27 | 4.07 | 5.81 | 1.40 |
| 1999 | 374.98 | 4.18 | 5.93 | 1.43 |
| 2000 | 456.40 | 5.91 | 6.12 | 1.78 |
| 2001 | 585.09 | 7.60 | 6.37 | 2.03 |
| 2002 | 678.61 | 8.98 | 6.52 | 2.19 |
| 2003 | 970.32 | 10.57 | 6.88 | 2.36 |
| 2004 | 1084.03 | 6.93 | 6.99 | 1.94 |
| 2005 | 1596.41 | 18.67 | 7.38 | 2.93 |

注a：数据来源于历年中国科技统计年鉴；

注b：数据以1990年为基期通过CPI平减得到。

2. 检验变量序列的平稳性

进行协整分析以前，必须先检验变量是否是平稳的。对各变量取自然对数，采用ADF检验方法，对$\ln Y_t$、$\ln K_t$及其一阶差分变量$d\ln Y_t$、$d\ln K_t$进行平稳性检验，结果见表4-2。虽然时间序列变量$\ln Y_t$、$\ln K_t$是非平稳的，但其一阶差分变量是平稳序列。由此可知，时间序列$\ln Y_t$、$\ln K_t$均为一阶单整序列。

**表 4-2 对各变量的 ADF 检验结果**

Tab. 4-2 ADF test results of each variable

| 变量 | ADF 检验 | 检验类型（C，T，K） | 1%临界值 | 5%临界值 | 10%临界值 | 结论 |
|---|---|---|---|---|---|---|
| $\ln Y_t$ | -0.247221 | （C，T，2） | -4.886426 | -3.828975 | -3.362984 | 非平稳 |
| $\ln K_t$ | -1.714626 | （C，T，0） | -4.728363 | -3.759743 | -3.324976 | 非平稳 |
| $d\ln Y_t$ | -5.276550 | （C，T，0） | -4.800080 | -3.791172 | -3.342253 | 平稳 |
| $d\ln K_t$ | -5.069539 | （C，T，0） | -4.800080 | -3.791172 | -3.342253 | 平稳 |

注 a：检验类型（C，T，K）分别表示所设定的检验方程含有截距项、时间趋势项以及所选的滞后项数。

### 3. 协整关系模型

由平稳性检验可知，$\ln Y_t$和 $\ln K_t$均为一阶单整序列，运用 E—G 两步法做协整关系模型，考察 1990～2005 年中国木材产业工业总产值和科技经费支出额的长期均衡关系，对 $\ln Y_t$与 $\ln K_t$做 OLS 回归估计（图 4-1 至图 4-3）。

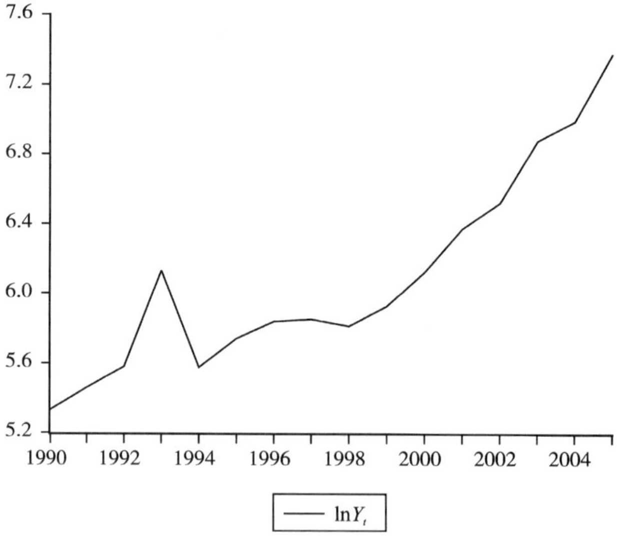


**图 4-1 中国木材产业工业总产值（$\ln Y_t$）的变化趋势**

Fig. 4-1 Trend of gross industrial output value of Chinese timber industry

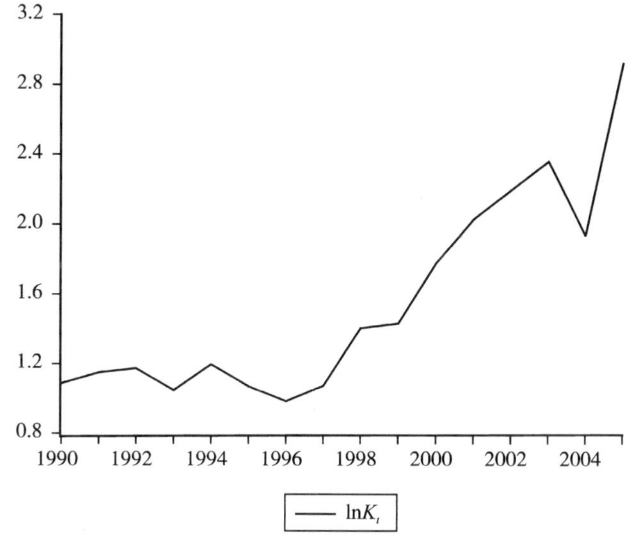


**图 4-2　中国木材产业科技经费支出额（$\ln K_t$）的变化趋势**

Fig. 4-2　Trend of expenditure of science and technology funds of Chinese timber industry

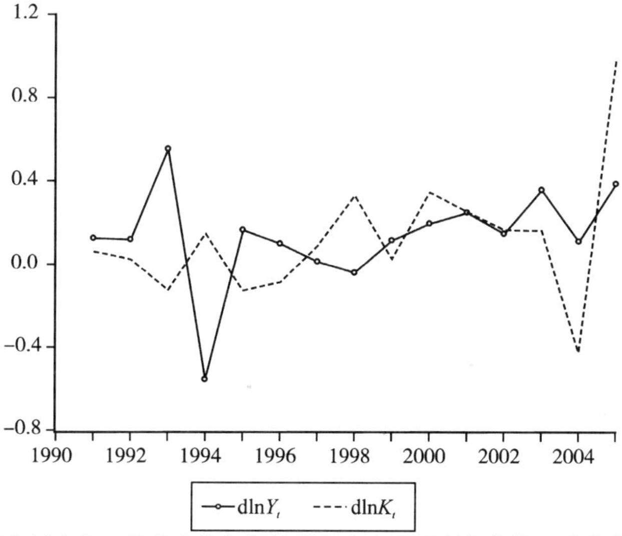


**图 4-3　中国木材产业工业总产值和科技经费支出额两者各自的一阶差分的变化趋势**

Fig. 4-3　Trend of first difference of gross industrial output value, science and technology funds of Chinese timber industry

根据表4-3，科技活动经费支出额与木材产业发展的长期均衡方程为：

$$\ln Y_t = 4.691253 + 0.903864 \ln K_t \quad (4\text{-}1)$$

$$(t)\ (23.77426^{*})\ (7.566329^{*})$$

$$R^2 = 0.803507 \qquad DW = 1.698367$$

注：*表示1%水平显著性，**表示5%水平显著性。

方程（4-1）中，$F$ 值和 $t$ 值均通过1%的显著性检验，决定系数 $R^2$ 为0.803507，说明模型回归效果良好。

**表4-3 协整分析结果**

Tab. 4-3 Co-integration analysis results

因变量（Dependent Variable）：$\ln Y_t$
方法（Method）：最小二乘法（Least Squares）
样本（Sample）：1990 2005
包括的观测值（Included observations）：16

| 变量 (Variable) | 系数 (Coefficient) | 标准误 (Std. Error) | t统计量 (t-Statistic) | 概率值 (Prob.) |
|---|---|---|---|---|
| C | 4.691253 | 0.197325 | 23.77426 | 0.0000 |
| $\ln K_t$ | 0.903864 | 0.119459 | 7.566329 | 0.0000 |
| 决定系数 (R-squared) | 0.803507 | 因变量的平均值 (Mean dependent var) | 6.094400 | |
| 调整的决定系数 (Adjusted R-squared) | 0.789472 | 因变量的标准差 (S. D. dependent var) | 0.587838 | |
| 回归的标准误 (S. E. of regression) | 0.269720 | 赤池准则 (Akaike info criterion) | 0.333604 | |
| 残差平方和 (Sum squared resid) | 1.018484 | 施瓦茨准则 (Schwarz criterion) | 0.430177 | |
| 对数似然值 (Log likelihood) | -0.668829 | F统计量 (F-statistic) | 57.24933 | |
| DW统计量 (Durbin-Watson stat) | 1.698367 | 概率值（F统计量）[Prob (F-statistic)] | 0.000003 | |

根据表4-4，$e_t$为平稳时间序列，说明：对于中国木材产业而言，科技活动经费支出额与产业发展之间存在长期的动态均衡关系。由协整模型可知，科技经费支出额的回归系数为0.903864，表明中国木材产业科技经费支出额每增加1%，工业总产值平均增加0.90%。科技经费支出是为开展科技活动所实际开支的费用，是购置设备、发放劳务费，确保科研工作正常进行的支出，因此提高科研经费的投入额、科学分配经费支出额，使之做到有效使用，能够促进木材产业的发展。可见，对于中国木材产业而言，技术资源投入与产业发展之间存在着较强的相关关系，尽管各自的增长是非稳定的，但就长期考察，它们之间却具有稳定的均衡关系。

**表4-4　对残差的ADF检验结果**

Tab. 4-4　ADF test results of residual

| 变量 | ADF检验 | 检验类型（C，T，K） | 1%临界值 | 5%临界值 | 10%临界值 | 结论 |
|---|---|---|---|---|---|---|
| $e_t$ | -4.980787 | （C，T，0） | -4.800080 | -3.791172 | -3.342253 | 平稳 |

注a：检验类型（C，T，K）分别表示所设定的检验方程含有截距项、时间趋势项以及所选的滞后项数。

## （二）技术引进与产业发展

当今实现科技进步已日益成为发达国家保持其经济优势以及落后国家实现经济赶超的重要手段。一国技术进步的途径主要有两个：一是自主创新，又可分为率先创新和模仿创新。自主创新要求一国具备一定程度的科技经济实力，拥有较强的R&D能力和良好的技术创新机制。二是技术引进，被普遍认为具有“后发优势”，落后国家能在较短时间内，通过这一途径以较低的代价缩短与先进国家的技术差距。但自主创新与技术引进并不是完全割裂开来的，尤其是模仿创新同技术引进有着很强的关联性。

1. 技术引进的界定

技术引进是当事人通过国际之间的贸易行为建立传播专有技术，转让或许可工业产权的契约关系，通过引进、消化、创新和扩散四个过程来实现生产要素、生产条件的重新组合，获得最大效益的过程（汪星明，1999）。技术引进对产业发展的作用不仅体现在某笔技术交易可以提高单个企业技术存量的静态效果上，更表现为该技术可以通过溢出效应扩散到整个产业的动态效果上，而且还能通过相关机制促进产业创新能力的提高和创新机制的形成，最终使产业的劳动生产率得以成倍提高，实现产业经济的跃升。具体而言，技术引进的扩散效应可以通过示范和模仿作用、市场竞争效应、产业关联效应及智力资本流动等途径加以实现。

2. 技术外向度的测定

技术依存度是技术外向度的一个指标，但不是唯一指标。技术依存度仅从技术引进数量的角度进行了定义，没有体现技术引进的质量。从定义看，技术外向度是体现经济体与国际技术交互过程的指标，既包括依存程度，又包括吸收程度。技术依存度测算用的技术引进经费是对技术知识和技术设备的货币化，其交易过程本身只是手段，目的是通过技术引进对产业进行技术改造和升级、提升自主创新能力，所以有必要增加技术吸收度指标。技术吸收度指标是对技术引进与消化吸收经费比例的改进，可以全面反映经济体引进技术的消化吸收以及再创新的过程，体现对国际技术的吸收程度，所以采用吸收度指标能够弥补技术依存度在反映技术引进方面的不足。

综上所述，技术外向度（也可称技术开放度或对外技术开放度）的概念可以界定为：一国技术融入国际，对国际技术依存和吸收的程度，是衡量一国技术对外开放程度的综合性指标。技术外向度包括技术依存度和技术吸收度两个指标，具体度量方法如下：

$$\text{技术依存度} = \frac{\text{技术引进经费}}{\text{技术引进经费} + \text{R\&D 经费}} \tag{4-2}$$

$$\text{技术吸收度} = \frac{\text{消化吸收经费}}{\text{技术引进经费} + \text{消化吸收经费}} \tag{4-3}$$

根据上述公式，测算中国木材产业技术外向度指标。由于统计资料的缺失，本文只测算了 2004 ~ 2005 年中国木材产业的技术外向度指标。

根据表 4-5，中国造纸及纸制品业的技术依存度相对较高，从 2004 年的 24.01% 增至 2005 年的 34.89%；木材加工业的技术依存度较不稳定，从2004年的40.77%降至2005年的8.47%；家具制造业的技术依存度较低，从2004年的1.08%增至2005年的2.54%。相比较而言，中国家具制造业的技术吸收度较高，从2004年的60.00%降至2005年的54.55%；木材加工业的技术吸收度增长较快，从2004年的6.47%增至2005年的36.84%；造纸及纸制品业的技术吸收度较低，从2004年的8.84%降至2005年的6.27%。

**表4-5　2004～2005中国木材产业技术外向度指标　单位：%**

Tab. 4-5　Technology extroversion degree of Chinese timber industry from 2004 to 2005　Unit：%

| 行业 | 年份 | 技术依存度 | 技术吸收度 |
|---|---|---|---|
| 木材加工业 | 2004 | 40.77 | 6.47 |
| | 2005 | 8.47 | 36.84 |
| 家具制造业 | 2004 | 1.08 | 60.00 |
| | 2005 | 2.54 | 54.55 |
| 造纸及纸制品业 | 2004 | 24.01 | 8.84 |
| | 2005 | 34.89 | 6.27 |

注a：数据来自历年中国科技统计年鉴，经整理得到。

对于造纸及纸制品业而言，技术吸收度远小于技术依存度，说明该行业重技术引进，而轻消化吸收；对于家具制造业而言，技术依存度较低，而技术吸收度较高，说明该行业对国外技术依赖度较低，而对引进技术的消化吸收能力较强；木材加工业的技术外向度出现较大反差，2004年对国外技术的依存度较高，技术吸收能力较弱，而2005年对国外技术的依存度较低，技术吸收能力较强，说明该行业技术依赖度降低，消化吸收能力增强。

3. 技术引进与产业发展

（1）从动态的角度考虑，任何国家或区域的发展都处于不同的阶段，代表了不同的经济发展水平，决定了不同的产业发展方式、产业结构模式和社会结构类型。在特定阶段大量地吸收国外先进技术是区域经济、技术发展过程中不可逾越的阶段特征，也是实施技术追赶的切实可行的战略路径，可以成为重要的创新源泉，为经济水平和科技实力的发展提供强劲动力。

（2）从理论上讲，创新能力和技术外向度应该呈现倒“U”型结构。木材产业在创新能力相对比较弱的情况下，技术外向度不断增加，通过技术贸易的溢出效应可以迅速提升创新能力，促进技术进步，有利于产业结构的优化升级，提高产业国际竞争力。但是，随着创新能力的提升，与发达国家的技术差距不断缩小，技术引进的边际效用也不断递减，技术外向度就处于下降状态，如果继续引进技术，效果甚微，还将形成“引进——落后——再引进——再落后”的路径依赖。中国木材产业仍处于成长期，适度的技术引进对于提高产业技术水平是积极的，但是过度依赖国外技术会阻碍自主创新能力的形成，从长期来看，对于产业发展是不利的。

## 二、智力资本与产业发展

智力资本是体现在人身上的、可以用来提供未来收入的一种资产，包括个人具备的才干、知识、技能和资历等。智力资本是构建产业竞争优势的基础。罗伯特·卢卡斯认为，智力资本是产业持续发展的主要源泉和决定性因素（Lukas R E，1988）。因为智力资本不仅会弱化或抵消生产中的边际收益递减规律，而且从整个产业的角度来看，对产业发展还呈现出边际收益递增的特性。随着智力资本的积累，生产可能性边界将会逐渐向外扩展，从而促进产业发展。智力资本与边际收益的关系体现在以下几个方面：

### （一）提高生产效率

智力资本可以提高生产效率，主要通过两条途径实现：一是智力资本投资可以提高劳动者自身的生产效率，也被称为智力资本的“人工效应”；二是智力资本投资可以提高其他生产要素的生产效率，也被称为智力资本的“外部效应”。

智力资本对生产效率的作用可以借助简单的等产量线来分析。如图4-4所示，$L$和$K$分别代表智力资本和物质资本的投入，$q_0$和$q_1$是等产量线，$q_1$的产量高于$q_0$。在初始状态下，产业投入的智力资本和物质资本分别为$L_0$和$K_0$，产量为$q_0$。这时，把智力资本的投入增加到$L_1$，如果物质资本投入和生产效率不变，生产就会从A点移动到B点，产量从$q_0$增加到$q_1$，这就是第一条途径所示的“人工效应”。如果要保持产量$q_0$不变，生产就会从A点移动到C点，使物质资本投入$K_0$减少到$K_1$，从而提高物质资本投入的生产效率，这就是第二条途径所示的“外部效应”（张凤林，2006）。

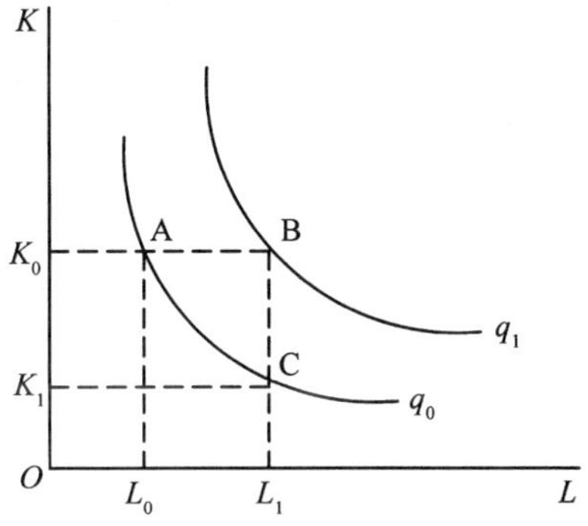


**图4-4　智力资本的生产效率分析**

Fig. 4-4　Analysis of production efficiency of intellectual capital

**（二）促进技术进步**

智力资本的积累，通过促进技术进步，推动产业发展。智力资本与技术进步之间存在着天然的联系，现代产业发展是系统化的科学知识增长的结果，而智力资本开发活动有助于推动知识革命。具体地说，智力资本对技术进步的作用体现在以下几个方面：

（1）智力资本是技术进步的重要基础。技术进步是由具备高质量的智力资本的专家和研究人员所推动的。从这个意义上讲，智力资本不仅具有生产要素的功能，同时还具有技术发明与创造的功能，是技术进步的重要源泉。研究与开发能力是智力资本存在的一种重要形式。

（2）技术扩散必须要以智力资本为载体。技术扩散过程实际上是智力资本投资与形成过程，而该过程对所投入的智力资本本身有更高的要求。新技术扩散的范围和速度与一个国家的智力资本存量具有密切的关系。在其他条件一定的情况下，智力资本存量越大，技术扩散的范围就越广，扩散的速度就越快（Nelson R R et al，1956）。

（3）要把技术进步转化为现实生产力，必须要依靠智力资本。任何科学技术要转变为现实的生产力都必须实际应用到经济部门或生产领域，技术应用是最后一道环节，要完成这个环节就必须要具备相应的智力资本条件。

可见，智力资本具有边际收益递增特性的原因在于：一方面，在生产要素配置过程中，智力资本能够主动与其他生产要素相融合，从而产生更高的生产效率；另一方面，智力资本是技术创新的主体，通过智力资本的积累和流动，可以加快技术进步的速度。因此，智力资本形成之后，就能创造出超过自身许多倍的价值，对产业发展起到直接的甚至是决定性的作用。

## 三、融资能力与产业发展

由于企业是融资活动的主体，因此本研究着重论述企业与融资之间的关系。由于企业是构成产业的单元，因此融资能力与企业发展的关系实际上就代表了融资能力与产业发展的关系。企业作为一个能力系统存在的最终目的是创造价值，因此，根据 Porter M 的价值链思想，从价值创造的角度，可以将企业能力分为基本能力与辅助能力两大类。其中，基本能力是指企业完成基本经营活动的能力，包括企业战略管理能力、研究开发能力、供应链管理能力、生产能力、营销能力等；辅助能力是企业进行辅助活动的能力，主要包括人力资源管理能力、财务能力、服务能力和质量管理等基础管理能力。企业的各种能力之间是紧密联系、协同作用的，每一种能力都要受到其他能力的制约。

融资能力是企业能力系统中最基层的组成部分之一，是企业财务能力的主要分支（图 4-5）。虽然融资能力属于企业能力系统中的辅助能力，但它却是一个综合性最强的指标，其他方面能力的强弱会集中体现到融资能力上，因而融资能力是企业成长的重要因素（郑秀杰等，2006）。企业必须有强有力的融资保证才能顺利实现发展的目标，融资能力就是发挥企业融通资金的能力以满足企业发展的资金需求（任远星，2004）。没有资金保证的企业面临巨大的风险，其后果往往是企业的破产倒闭或控制权转让。因此，企业在设计、规划企业的成长战略时，必须充分考虑企业的资金能力，并力求做到企业发展与企业融资能力的平衡。融资能力对于产业发展同样具有重要意义。产业是一个资金不断循环运动的大系统，维持产业长久存在的动力是资金的循环运动。这就需要产业有较强的融资能力来维持资金运动。从这一点来看，产业的融资能力具有维持产业长期发展的重要作用，因此是产业竞争力的重要内在要素。产业融资能力是从维持产业的资金运动出发，研究产业如何获取、保持融资优势。产业融资能力就是发挥产业融通资金的能力以满足产业发展的资金需求，保证产业长期发展。

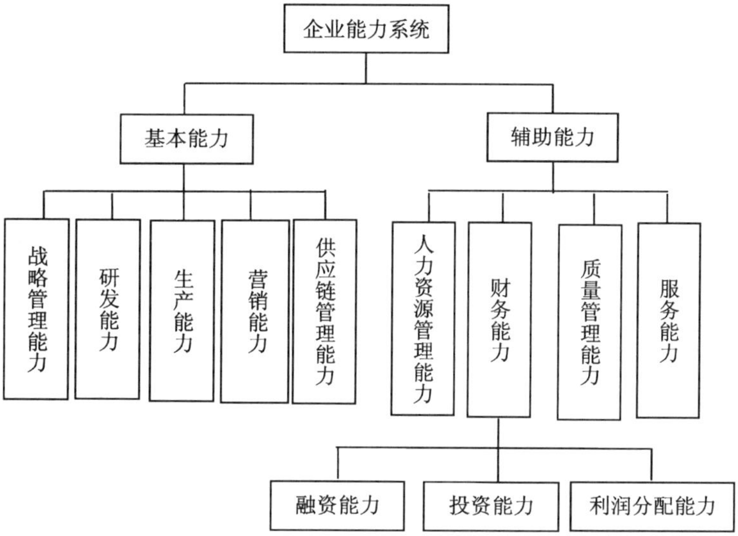


**图 4-5　企业能力系统的构成**

Fig. 4-5　Composition of enterprise capability system

# 第五章

# 资源对产业发展的贡献

不同资源与产业发展的关系存在显著差异。原始性资源对促进产业发展具有局限性，而创出性资源对促进产业发展具有优越性。在此基础上，本章综合利用定性与定量相结合的分析方法，对资源在中国木材产业发展中的贡献展开具体分析，从而为判定中国木材产业的资源基础提供依据。

## 一、资源贡献的理论依据

### （一）资源与竞争力的持续性

1. 原始性资源与竞争力的持续性

丰富的原始性资源是形成比较优势的基础，也是产业竞争力的重要来源。比如，通过木材贸易，中国木材产业获得了大量廉价的木材资源。同时，丰富的劳动力资源也是中国木材产业原始性资源的重要基础。正是依靠丰富的原始性资源，构筑了中国木材产业成本领先战略的物质基础，成为中国木材产业竞争力的主要来源。但是，原始性资源只能形成基于比较优势基础上的竞争力，这种竞争力或者易于被竞争对手模仿，或者随着产业发展而逐步丧失，因此原始性资源不可能为产业创造可持续的竞争力（Michalisin M D et al，1997）。比如，随着国际社会生态环境保护意识的加强，森林资源大国纷纷采取措施限制原木出口，中国进口廉价木材资源的难度越来越大。从长期来看，中国木材产业建立在大量消耗木材资源基础上的发展方式可能难以为继。同时，随着中国经济的快速发展，劳动力成本不断提高，劳动力的比较优势被削弱，中国木材产业的价格竞争力逐步丧失。正是由于这一原因，中国木材产业的部分生产能力转移到劳动力成本更为低廉的国家，以抵消劳动力成本上涨的压力。可见，依靠原始性资源形成的竞争力是难以持久的。

2. 创出性资源与竞争力的持续性

创出性资源是能够创造竞争优势，且难于被模仿的资源（Hall R，1992）。与原始性资源相比，创出性资源具有独特性，对产业的可持续发展具有决定性作用。创出性资源对产业竞争优势的重要性主要体现在三个方面：首先，创出性资源具有持续的价值创造性，对最终消费者可觉察到的利益贡献较大，有助于产业尽快占领市场，并获得竞争优势（Prahalad C K et al，1990）。其次，创出性资源不易为竞争者模仿或取代。创出性资源往往具有路径依赖性、社会复杂性、原因模糊性，竞争对手复制此类创出性资源的成本非常高，有些创出性资源甚至根本就不可能复制。因此，拥有创出性资源的产业可以持续创造超额利润。再次，创出性资源具有巨大的开发潜力。由于大部分创出性资源使用的机会成本微乎其微，因而创出性资源可以同时用于多种用途（Lev B，2001）。这有助于创出性资源在产业内部的溢出和推广，从而提高产业整体的国际竞争力。

## （二）资源与边际收益

1. 原始性资源与边际收益

原始性资源与创出性资源对产业发展的贡献是不同的，这主要体现在边际收益的变化规律上。原始性资源的投入与配置受到边际收益递减规律的影响。边际收益递减规律是由英国经济学家 Marshall A 在 19 世纪 80～90 年代提出的。在新古典经济学的理论框架内，边际收益递减规律是其基本假设之一，具有普遍适用性。所谓边际收益递减规律是指在其他条件不变的情况下，持续地把某一生产要素投入量增加到一定数量之后，所得到的收益增量将会递减的经济学规律（高鸿业，2003）。

边际收益递减规律建立在三个前提条件之上：一是生产技术水平不变，即现有的技术含量、生产工艺是不变的；二是不同生产要素之间配合比例可变；三是追加的生产要素是同质的，具有相同的效率（保罗·萨缪尔森，1979）。其中，第一个假设最为重要，只有在不变的技术条件下，木材、资本、劳动力等原始性资源才会受到边际收益递减规律的影响。

由于边际收益递减规律的制约，依靠原始性资源的投入，对产业发展的贡献较为有限。因为原始性资源的投入必须与创出性资源的投入相配合才能发挥作用。假定创出性资源的投入不变，当原始性资源的投入越来越多时，与之配合的创出性资源就会相对地越来越少，原始性资源的利用效率逐渐降低，其边际收益必将随之减少。可见，原始性资源不可能成为支撑木材产业长期发展的主导力量。

2. 创出性资源与边际收益

边际收益递减规律只是相对地、有条件地适用于技术不变的情况。当技术条件发生改变时，边际收益递减规律不再适用。根据经济学界的研究成果，如果在技术不断进步的条件下追加投资，其边际收益一般呈递增趋势。技术是创出性资源中的主体，以技术为主导的创出性资源均具有边际收益递增的特性（庞艳桃，2005）。边际收益递增规律是指生产企业在当前的投入规模下，收益增量与投入要素增量的比率是投入量增函数的投入产出关系（王晓红等，2006）。创出性资源的边际收益递增规律体现在两个方面：一是创出性资源的合理运用，可以延缓原始性资源边际收益递减的趋势，提高原始性资源投入的附加值；二是创出性资源的有效配置，非但不会消耗自身，反而能够增大效用，体现出边际收益递增的趋势（李路江，2005）。随着创出性资源投入的增加和配置效率的提高，创出性资源所具有的边际收益递增规律越来越突出。可见，从边际收益的角度来看，创出性资源对中国木材产业发展的贡献是长期的、持续的，而原始性资源对木材产业发展的贡献是短期的、有限的。因此，要想实现中国木材产业的长期持续发展，就必须加大创出性资源在产业发展中的作用。

### （三）资源与规模经济

规模报酬变动是指其他条件不变的情况下，企业内部各生产要素按相同比例变化时所带来的产量的变化（陈丽红，2007）。规模经济是规模报酬变动中的一种情况，具体是指规模产量增加的比例大于投入品增加的比例（施蒂格勒，2000）。可见，规模经济是在既定的生产函数下原始性资源与产出之间的递增关系。创出性资源与规模经济之间呈现相辅相成的关系。从微观的角度说，创出性资源为企业带来了先进的生产工艺和管理模式，优化了原始性资源与产出之间的函数关系，使原始性资源的投入具有边际收益递增的特性，从而提供更高生产能力的规模经济效益。反之，规模经济能够放大创出性资源对产业发展的促进作用。同时，企业规模化经营为创出性资源的投入提供了必要的资金保障，增强了企业的抗风险能力，有效地提高了企业创出性资源投入的积极性（邹旭芳，2008）。首先，研究在创出性资源投入不变的前提下，原始性资源与规模经济的关系。设 $K$ 为物质资本投入，$L$ 为劳动力投入，$Q$ 为产量，其中，$K$ 和 $L$ 表示原始性资源投入水平。如果创出性资源投入不变，就意味着生产函数形式不变，在这种情况下原始性资源与规模经济的数学表达式为：如果齐次生产函数 $Q=F(\lambda K, \lambda L)$ 满足 $F(\lambda K, \lambda L)=n\lambda F(K, L)$，其中，$\lambda$ 是大于 0 的任意常数。当 $n>1$ 时，$F(\lambda K, \lambda L)>\lambda F(K, L)$，$Q=F(K, L)$ 具有规模经济性质。其次，研究在创出性资源投入可变的前提下，原始性资源与规模经济的关系。随着创出性资源投入的增加，生产函数得到优化，即由 $Q=F(K, L)$ 转化为 $Q=P(K, L)$。由于劳动生产率得到提高，$P(K, L)>F(K, L)$，在这种情况下原始性资源与规模经济的数学表达式为：如果齐次生产函数 $Q=P(\lambda K, \lambda L)$ 满足 $P(\lambda K, \lambda L)=n\lambda P(K, L)$，其中，$\lambda$ 是大于 0 的任意常数。当 $n>1$ 时，$P(\lambda K, \lambda L)>\lambda P(K, L)$，$Q=P(K, L)$ 具有规模经济性质。

综上所述，创出性资源能够提供更高层次的规模经济效益。比如，$P(\lambda K, \lambda L)=n\lambda P(K, L)$，$F(\lambda K, \lambda L)=n\lambda F(K, L)$，由于 $P(K, L)>F(K, L)$，所以 $P(\lambda K, \lambda L)>F(\lambda K, \lambda L)$。规模经济是创出性资源促进产业发展的“加速器”。比如，$P(\lambda K, \lambda L)=n\lambda P(K, L)$，当 $n>1$ 时，$P(\lambda K, \lambda L)>\lambda P(K, L)$。规模经济的实现要求企业规模化经营，规模化经营是放大创出性资源对产业贡献的重要前提和基础。由于规模的限制，中小企业创出性资源的投入对产出的贡献

是极为有限的，相比之下，大型企业创出性资源的投入在规模经济的作用下能够极大地提高产出水平，甚至可能带动整个产业生产效率的提高。

## 二、资源贡献的实证分析

根据资源贡献的理论分析，与原始性资源相比，创出性资源应当在产业竞争优势的构建中起主导作用。基于理论分析的研究成果，本文对各种资源在中国木材产业发展中的贡献展开实证分析，以便为产业资源政策的制定提供依据。中国的行业划分实行《国民经济行业分类》标准（GB/T4754—2002）。按此标准，中国制造业包括39个工业行业类别，木材产业涉及3个工业行业，包括木材加工业、家具制造业和造纸及纸制品业。其中，木材加工业涵盖的范围较广，包括锯材、木片加工，人造板制造，木地板制造，木制品制造等。按此行业分类标准，本文将中国木材产业中的木材加工、家具和造纸等行业作为实证分析的对象。

### （一）生产要素贡献率的测定

1. 模型的选择

本文拟采用Cobb-Douglas生产函数，计算生产要素弹性系数。在此基础上，利用索罗余值法，测定生产要素贡献率。

（1）Cobb-Douglas生产函数。生产要素范围广泛，涉及企业生产的各个方面，构成资源的主体。实际上，生产要素贡献率的测定就是对资源在产业发展贡献的实证分析。Cobb-Douglas生产函数模型（以下简称C—D模型）是由阿默斯特学院的数学教授Cobb C W和芝加哥大学的经济学教授Douglas P H共同研究提出的。因为C—D模型在研究生产要素弹性系数方面具有良好的性质，而弹性系数又是测算生产要素贡献率的关键因素，所以本文引入该模型作为实证分析的基础。

C—D模型选取资本、劳动和技术作为生产要素变量。该模型中的技术是广义的概念，即整体意义上的创出性资源，包括技术水平、企业管理和融资能力等。相应地，广义的技术进步是指创出性资源投入的增加和配置效率的改善，包括新产品的研发，工艺流程的改进，劳动者素质的提高，组织管理的改善等。C—D 模型的表达式为：

$$Y_t = A_t K_t^{\alpha} L_t^{\beta} \tag{5-1}$$

式中，$t$ 表示时间，$Y_t$ 为产出值，$K_t$ 为资本投入量，$L_t$ 为劳动投入量，$\alpha$ 为资本的产出弹性，$\beta$ 为劳动的产出弹性。设 $A_t = A_0 e^{\lambda t}$，$A_0$ 为基年技术水平，$A_t$ 表示第 $t$ 年技术水平，$\lambda$ 表示技术进步系数。则式 5-1 转化为：

$$Y_t = A_0 e^{\lambda t} K_t^{\alpha} L_t^{\beta} \tag{5-2}$$

为了数据处理的方便，将式（5-2）线性化，则其对数线性式为：

$$\ln Y_t = \ln A_0 + \lambda t + \alpha \ln K_t + \beta \ln L_t \tag{5-3}$$

对式（5-3）采用回归分析方法，求出生产要素的弹性系数 $\alpha$ 和 $\beta$ 。据此，利用索罗余值法，计算生产要素贡献率。

（2）索罗余值法。索洛余值法是 1957 年由美国经济学家 Solow R M 提出的，1987 年 Solow R M 因为此方法的重大意义获得了诺贝尔经济学奖。索洛余值法利用数学模型，把广义的技术进步在经济增长中所起的作用分离出来，从而对广义的技术进步在经济增长中的贡献做出定量估计（Solow R M，1957）。

索罗余值法的前提假设为规模报酬不变，因此需将生产要素弹性 $\alpha$ 和 $\beta$ 正则归一化，得到 $\alpha' = \frac{\alpha}{\alpha + \beta}, \beta' = \frac{\beta}{\alpha + \beta}$，即 $\alpha' + \beta' = 1$ 。用 $\alpha'$ 和 $\beta'$ 代替式 5-1 中的 $\alpha$ 和 $\beta$，得到式（5-4）：

$$Y_t = A_t K_t^{\alpha'} L_t^{\beta'} \tag{5-4}$$

将式（5-4）线性化，得到式（5-5）：

$$\ln Y_t = \ln A_t + \alpha' \ln K_t + \beta' \ln L_t \tag{5-5}$$

对式（5-5）两边同时求导，得到式（5-6）：

$$\frac{\partial Y_t}{Y_t} = \frac{\partial A_t}{A_t} + \alpha' \frac{\partial K_t}{K_t} + \beta' \frac{\partial L_t}{L_t} \tag{5-6}$$

将式（5-6）转换成差分方程的形式，得到式（5-7）：

$$\frac{\Delta Y_t}{Y_t} = \frac{\Delta A_t}{A_t} + \alpha' \frac{\Delta K_t}{K_t} + \beta' \frac{\Delta L_t}{L_t} \tag{5-7}$$

设$\Delta Y_t/Y_t$为$y$，表示产出增长速度；设$\Delta A_t/A_t$为$a$，表示技术进步使产出增长的部分，即技术进步率；设$\Delta K_t/K_t$为$k$，表示资本增长速度，则$\alpha'k$表示资本投入增加使产出增长的部分；设$\Delta L_t/L_t$为$l$，表示劳动增长速度，则$\beta'l$表示劳动投入增加使产出增长的部分。

$$y = a + \alpha'k + \beta'l \tag{5-8}$$

则生产要素贡献率的计算公式分别为式（5-9）、式（5-10）和式（5-11），其中$E_A$表示技术贡献率，$E_K$表示资本贡献率，$E_L$表示劳动贡献率。

$$E_A = \frac{a}{y} \times 100\% \tag{5-9}$$

$$E_K = \frac{\alpha'k}{y} \times 100\% \tag{5-10}$$

$$E_L = \frac{\beta'l}{y} \times 100\% \tag{5-11}$$

对式（5-8）两边同时除以产出增长速度y，得到式（5-12）：

$$E_A + E_K + E_L = 1 \tag{5-12}$$

式（5-12）表明经济增长是由技术、资本和劳动共同作用的结果，三者对经济增长的贡献呈现相辅相成的关系。

2. 实证分析

（1）数据选取。选取工业总产值作为产出值$Y_t$的统计指标，固定资产原值与流动资产年平均余额之和作为资本投入量$K_t$的统计指标，全部从业人员年平均人数作为劳动投入量$L_t$的统计指标。由于统计数据的限制，实证对象为国有及规模以上非国有工业企业①，选取1989～2007年中国木材加工业和家具制造业的相关数据做时间序列分析（表5-1、表5-2），选取2001～2006年造纸及纸制品业各省份的相关数据做合成数据分析（表5-3至表5-5，第二章表2-6）。木材加工业和家具制造业的工业总产值按照森工业出厂价格指数平减至1986年，造纸及纸

① 国有及规模以上非国有工业企业是指，全部国有及年主营业务收入在500万元以上非国有工业企业。

制品业的工业总产值按照造纸业出厂价格指数平减至 2000 年。运用统计分析软件 Eviews 5.0，对 C—D 模型进行回归分析。

**表 5-1　1989～2007 年中国木材加工业主要经济指标**

Tab. 5-1　Key economic indicators of Chinese wood – processing industry from 1989 to 2007

| 年份 | 工业总产值（亿元） | 资本投入（亿元） | 全部从业人员年平均人数（万人） |
|---|---|---|---|
| 1989 | 73.65 | 116.87 | 71.47 |
| 1990 | 71.20 | 135.36 | 70.11 |
| 1991 | 84.34 | 164.63 | 47.52 |
| 1992 | 108.47 | 179.81 | 47.96 |
| 1993 | 192.17 | 238.80 | 44.10 |
| 1994 | 252.74 | 306.15 | 40.24 |
| 1995 | 279.72 | 405.58 | 57.48 |
| 1996 | 354.01 | 461.46 | 54.98 |
| 1997 | 432.04 | 589.54 | 52.63 |
| 1998 | 492.13 | 614.55 | 50.26 |
| 1999 | 560.58 | 640.62 | 47.99 |
| 2000 | 656.77 | 697.28 | 50.04 |
| 2001 | 741.22 | 768.20 | 51.29 |
| 2002 | 828.06 | 831.18 | 51.71 |
| 2003 | 992.79 | 916.48 | 63.83 |
| 2004 | 1488.04 | 1052.06 | 69.96 |
| 2005 | 1827.71 | 1323.46 | 83.33 |
| 2006 | 2429.03 | 1594.59 | 91.62 |
| 2007 | 3520.54 | 2005.63 | 106.18 |

注 a：数据引自历年中国工业经济统计年鉴和中国统计年鉴，经整理得到；

注 b：资本投入为固定资产原值与流动资产年平均余额之和。

**表 5-2 1989～2007 年中国家具制造业主要经济指标**

Tab. 5-2 Key economic indicators of Chinese furniture manufacturing industry from 1989 to 2007

| 年份 | 工业总产值（亿元） | 资本投入（亿元） | 全部从业人员年平均人数（万人） |
|---|---|---|---|
| 1989 | 69.88 | 71.41 | 37.46 |
| 1990 | 69.32 | 79.27 | 36.67 |
| 1991 | 76.98 | 93.12 | 31.93 |
| 1992 | 97.20 | 103.94 | 30.84 |
| 1993 | 130.90 | 116.91 | 32.00 |
| 1994 | 186.39 | 156.68 | 33.16 |
| 1995 | 192.57 | 198.02 | 26.48 |
| 1996 | 239.96 | 224.41 | 26.76 |
| 1997 | 272.80 | 263.31 | 24.67 |
| 1998 | 294.71 | 284.86 | 25.06 |
| 1999 | 318.38 | 308.17 | 25.47 |
| 2000 | 370.18 | 346.40 | 27.04 |
| 2001 | 434.85 | 381.72 | 29.83 |
| 2002 | 524.21 | 438.14 | 33.97 |
| 2003 | 719.97 | 576.02 | 43.39 |
| 2004 | 1073.62 | 727.49 | 52.79 |
| 2005 | 1427.26 | 988.73 | 71.27 |
| 2006 | 1883.09 | 1250.47 | 83.80 |
| 2007 | 2424.94 | 1559.47 | 91.30 |

注 a：数据引自历年中国工业经济统计年鉴和中国统计年鉴，经整理得到；

注 b：资本投入为固定资产原值与流动资产年平均余额之和。

**表 5-3 1999～2006 年中国各地区造纸及纸制品业工业总产值**

单位：亿元

Tab. 5-3 Gross industrial output value of papermaking and paper products industry in all the regions of China from 1999 to 2006

Unit：100 million yuan

| 省份 | 简称 | 1999 | 2000 | 2001 | 2002 | 2003 | 2005 | 2006 |
|---|---|---|---|---|---|---|---|---|
| 北京 | _ BJ | 15. 08 | 17. 04 | 19. 88 | 25. 50 | 27. 48 | 41. 25 | 48. 02 |
| 天津 | _ TJ | 28. 12 | 28. 6 | 33. 04 | 32. 98 | 37. 81 | 50. 15 | 51. 51 |
| 河北 | _ HEB | 76. 92 | 80. 19 | 92. 08 | 99. 10 | 108. 58 | 160. 80 | 185. 75 |
| 山西 | _ SX | 8. 96 | 4. 37 | 4. 26 | 4. 85 | 5. 23 | 9. 34 | 11. 46 |
| 内蒙古 | _ NMG | 5. 44 | 9. 15 | 10. 03 | 9. 37 | 10. 69 | 20. 37 | 19. 82 |
| 辽宁 | _ LN | 28. 26 | 27. 31 | 30. 49 | 31. 65 | 35. 36 | 58. 05 | 79. 17 |
| 吉林 | _ JL | 17. 54 | 19. 16 | 18. 84 | 15. 40 | 18. 01 | 21. 99 | 27. 98 |
| 黑龙江 | _ HLJ | 27. 64 | 30. 45 | 36. 05 | 42. 07 | 37. 70 | 42. 52 | 41. 49 |
| 上海 | _ SH | 61. 24 | 64. 88 | 70. 88 | 76. 40 | 90. 63 | 136. 66 | 157. 80 |
| 江苏 | _ JS | 129. 95 | 189. 12 | 222. 63 | 267. 49 | 302. 48 | 474. 16 | 573. 72 |
| 浙江 | _ ZJ | 135. 90 | 169. 9 | 207. 59 | 248. 43 | 303. 47 | 482. 41 | 591. 06 |
| 安徽 | _ AH | 21. 25 | 20. 34 | 21. 79 | 24. 49 | 29. 67 | 47. 38 | 58. 94 |
| 福建 | _ FJ | 58. 20 | 81. 01 | 92. 64 | 99. 49 | 122. 50 | 198. 14 | 235. 73 |
| 江西 | _ JX | 14. 63 | 13. 93 | 14. 86 | 15. 90 | 13. 42 | 46. 14 | 66. 14 |
| 山东 | _ SD | 200. 11 | 239. 42 | 273. 54 | 355. 64 | 509. 05 | 929. 59 | 1118. 70 |
| 河南 | _ HEN | 85. 80 | 95. 63 | 106. 28 | 122. 66 | 145. 33 | 263. 06 | 362. 00 |
| 湖北 | _ HUB | 47. 15 | 52. 89 | 58. 08 | 65. 09 | 73. 66 | 81. 87 | 96. 40 |
| 湖南 | _ HUN | 31. 22 | 38. 38 | 51. 87 | 54. 36 | 74. 04 | 134. 09 | 147. 74 |
| 广东 | _ GD | 217. 85 | 269. 15 | 293. 55 | 332. 96 | 404. 4 | 666. 74 | 800. 19 |
| 广西 | _ GX | 22. 01 | 30. 36 | 29. 23 | 29. 49 | 33. 77 | 52. 39 | 66. 41 |
| 海南 | _ HAIN | 1. 07 | 0. 93 | 1. 39 | 1. 52 | 1. 79 | 33. 81 | 53. 26 |
| 重庆 | _ CQ | 7. 02 | 7. 56 | 9. 11 | 9. 45 | 12. 56 | 20. 23 | 25. 14 |
| 四川 | _ XC | 36. 51 | 42. 63 | 47. 37 | 53. 81 | 57. 92 | 90. 72 | 104. 85 |
| 贵州 | _ GZ | 5. 19 | 3. 86 | 3. 60 | 3. 84 | 4. 04 | 5. 62 | 5. 77 |
| 云南 | _ YN | 15. 72 | 19. 03 | 18. 92 | 20. 70 | 21. 24 | 31. 22 | 31. 05 |
| 陕西 | _ SHX | 13. 45 | 15. 69 | 14. 28 | 13. 60 | 16. 83 | 23. 73 | 29. 86 |
| 甘肃 | _ GS | 3. 76 | 4. 98 | 5. 66 | 6. 20 | 5. 64 | 6. 24 | 9. 38 |
| 青海 | _ QH | 0. 35 | 0. 38 | 0. 36 | 0. 36 | 0. 21 | 0. 23 | 0. 13 |
| 宁夏 | _ NX | 5. 88 | 8. 37 | 10. 30 | 11. 94 | 14. 85 | 19. 90 | 21. 22 |
| 新疆 | _ XJ | 5. 34 | 5. 67 | 5. 65 | 6. 78 | 8. 01 | 12. 50 | 14. 22 |

注 a：数据引自历年中国工业经济统计年鉴，经整理得到；

注 b：由于统计资料的限制，2004 年相关数据缺失；

注 c：由于统计资料的限制，西藏相关数据缺失。

**表 5-4 2001～2006 年中国各地区造纸及纸制品业流动资产年平均余额**

单位：亿元

Tab. 5-4 Annual average balance of current assets of papermaking and paper products industry in all the regions of China from 2001 to 2006 Unit: 100 million yuan

| 省份 | 简称 | 2001 | 2002 | 2003 | 2005 | 2006 |
|---|---|---|---|---|---|---|
| 北京 | _ BJ | 12.36 | 13.86 | 17.95 | 20.45 | 24.76 |
| 天津 | _ TJ | 16.92 | 17.00 | 20.25 | 25.06 | 22.77 |
| 河北 | _ HEB | 38.07 | 39.59 | 37.60 | 40.44 | 45.13 |
| 山西 | _ SX | 3.83 | 3.23 | 2.94 | 3.64 | 4.46 |
| 内蒙古 | _ NMG | 4.22 | 4.34 | 4.73 | 5.51 | 7.09 |
| 辽宁 | _ LN | 39.21 | 39.74 | 34.26 | 39.18 | 41.18 |
| 吉林 | _ JL | 24.73 | 24.67 | 14.13 | 13.95 | 16.45 |
| 黑龙江 | _ HLJ | 39.88 | 42.93 | 40.62 | 31.07 | 28.27 |
| 上海 | _ SH | 40.47 | 43.50 | 48.70 | 67.45 | 77.99 |
| 江苏 | _ JS | 136.46 | 127.20 | 137.86 | 225.62 | 259.68 |
| 浙江 | _ ZJ | 112.63 | 127.35 | 167.38 | 287.74 | 333.72 |
| 安徽 | _ AH | 13.33 | 12.66 | 13.84 | 22.88 | 25.96 |
| 福建 | _ FJ | 66.00 | 66.97 | 69.70 | 94.48 | 108.97 |
| 江西 | _ JX | 16.99 | 22.06 | 19.45 | 16.50 | 19.68 |
| 山东 | _ SD | 175.96 | 192.26 | 225.64 | 301.86 | 373.50 |
| 河南 | _ HEN | 42.39 | 43.30 | 42.17 | 68.44 | 81.10 |
| 湖北 | _ HUB | 23.23 | 28.47 | 28.93 | 29.34 | 33.25 |
| 湖南 | _ HUN | 26.43 | 30.70 | 37.65 | 52.24 | 65.13 |
| 广东 | _ GD | 138.13 | 157.13 | 188.67 | 320.48 | 380.77 |
| 广西 | _ GX | 17.68 | 16.05 | 18.86 | 25.79 | 29.14 |
| 海南 | _ HAIN | 0.78 | 0.61 | 0.67 | 30.93 | 40.93 |
| 重庆 | _ CQ | 5.73 | 6.45 | 7.83 | 8.92 | 9.36 |
| 四川 | _ XC | 26.30 | 25.77 | 29.47 | 38.89 | 38.50 |
| 贵州 | _ GZ | 3.07 | 4.15 | 3.51 | 3.34 | 3.11 |
| 云南 | _ YN | 16.12 | 16.97 | 16.46 | 17.62 | 18.07 |
| 陕西 | _ SHX | 11.70 | 11.74 | 11.03 | 10.48 | 10.07 |
| 甘肃 | _ GS | 3.40 | 3.65 | 3.49 | 3.17 | 2.93 |
| 青海 | _ QH | 0.21 | 0.19 | 0.06 | 0.40 | 0.07 |
| 宁夏 | _ NX | 10.42 | 9.20 | 11.58 | 12.69 | 14.22 |
| 新疆 | _ XJ | 7.50 | 8.60 | 8.96 | 10.73 | 9.57 |

注 a：数据引自历年中国工业经济统计年鉴，经整理得到；

注 b：由于统计资料的限制，2004 年相关数据缺失；

注 c：由于统计资料的限制，西藏相关数据缺失。

**表 5-5　1999～2006 年中国各地区造纸及纸制品业全部从业人员年平均人数**

单位：万人

Tab. 5-5　Annual average number of all the employees of papermaking and paper products industry in all the regions of China from 1999 to 2006　Unit: 10 thousand people

| 省份 | 简称 | 1999 | 2000 | 2001 | 2002 | 2003 | 2005 | 2006 |
|---|---|---|---|---|---|---|---|---|
| 北京 | _ BJ | 1.59 | 1.22 | 1.14 | 1.10 | 1.14 | 1.12 | 1.15 |
| 天津 | _ TJ | 2.39 | 1.83 | 2.02 | 2.00 | 1.92 | 1.94 | 1.68 |
| 河北 | _ HEB | 7.91 | 7.57 | 7.16 | 7.44 | 6.94 | 6.41 | 6.06 |
| 山西 | _ SX | 1.46 | 0.76 | 0.62 | 0.55 | 0.49 | 0.64 | 0.67 |
| 内蒙古 | _ NMG | 0.82 | 0.99 | 0.97 | 0.90 | 0.92 | 1.03 | 1.09 |
| 辽宁 | _ LN | 4.36 | 3.95 | 3.8 | 3.20 | 3.02 | 3.01 | 3.18 |
| 吉林 | _ JL | 3.38 | 2.95 | 2.53 | 2.31 | 1.47 | 1.17 | 1.18 |
| 黑龙江 | _ HLJ | 4.36 | 3.86 | 3.76 | 3.62 | 2.34 | 2.22 | 1.89 |
| 上海 | _ SH | 3.10 | 2.50 | 2.52 | 2.55 | 2.79 | 3.25 | 3.39 |
| 江苏 | _ JS | 8.81 | 7.55 | 7.5 | 7.65 | 8.02 | 9.19 | 9.74 |
| 浙江 | _ ZJ | 7.44 | 7.56 | 8.73 | 9.83 | 10.85 | 13.59 | 14.01 |
| 安徽 | _ AH | 3.45 | 3.00 | 2.21 | 1.98 | 1.89 | 2.05 | 2.08 |
| 福建 | _ FJ | 4.02 | 4.28 | 4.92 | 4.55 | 4.95 | 6.37 | 7.16 |
| 江西 | _ JX | 2.25 | 2.12 | 1.74 | 1.62 | 1.29 | 1.65 | 1.66 |
| 山东 | _ SD | 18.30 | 18.64 | 19.27 | 19.23 | 19.97 | 21.70 | 21.93 |
| 河南 | _ HEN | 10.37 | 10.50 | 10.44 | 11.13 | 9.92 | 10.23 | 9.56 |
| 湖北 | _ HUB | 4.38 | 3.90 | 3.94 | 3.79 | 3.63 | 2.93 | 3.14 |
| 湖南 | _ HUN | 3.69 | 3.50 | 3.74 | 3.93 | 4.21 | 4.66 | 5.12 |
| 广东 | _ GD | 10.83 | 11.09 | 11.83 | 12.70 | 13.29 | 21.27 | 24.20 |
| 广西 | _ GX | 2.70 | 2.68 | 2.76 | 2.40 | 2.44 | 2.76 | 2.91 |
| 海南 | _ HAIN | 0.10 | 0.09 | 0.09 | 0.08 | 0.11 | 0.32 | 0.45 |
| 重庆 | _ CQ | 0.92 | 0.71 | 0.73 | 0.67 | 0.78 | 0.90 | 0.95 |
| 四川 | _ XC | 5.13 | 4.63 | 4.37 | 4.40 | 4.69 | 4.41 | 4.43 |
| 贵州 | _ GZ | 0.80 | 0.74 | 0.52 | 0.54 | 0.50 | 0.43 | 0.43 |
| 云南 | _ YN | 1.61 | 1.51 | 1.32 | 1.33 | 1.06 | 1.20 | 1.27 |
| 陕西 | _ SHX | 2.20 | 2.15 | 1.91 | 2.30 | 2.28 | 2.57 | 2.40 |
| 甘肃 | _ GS | 0.77 | 1.07 | 1.1 | 1.02 | 0.96 | 0.75 | 0.72 |
| 青海 | _ QH | 0.11 | 0.06 | 0.06 | 0.07 | 0.02 | 0.03 | 0.01 |
| 宁夏 | _ NX | 1.10 | 1.18 | 1.33 | 1.34 | 1.32 | 1.46 | 1.52 |
| 新疆 | _ XJ | 0.91 | 0.82 | 0.77 | 0.76 | 0.72 | 0.87 | 0.77 |

注 a：数据引自历年中国工业经济统计年鉴，经整理得到；

注 b：由于统计资料的限制，2004 年相关数据缺失；

注 c：由于统计资料的限制，西藏相关数据缺失。

（2）生产要素弹性系数的测定：

①木材加工业：

木材加工业生产函数回归分析，见表5-6。

**表5-6 木材加工业生产函数回归分析**

Tab. 5-6 Regression analysis of production function of wood-processing industry

自变量（Predictors）：（Constant），$T_1$，$\ln K_1$，$\ln L_1$

因变量（Dependent Variable）：$\ln Y_1$

方法（Method）：最小二乘法（Least squares）

样本（Sample）：1989 2007

包括的观测值（Included observations）：19

| 变量（Variable） | 系数（Coefficient） | 标准误（Std. Error） | t统计量（t-Statistic） | 概率值（Prob.） |
|---|---|---|---|---|
| C | 0.013478 | 0.737634 | 0.018272 | 0.0857 |
| $T_1$ | 0.130355 | 0.020613 | 6.323953 | 0.0000 |
| $\ln K_1$ | 0.363378 | 0.133147 | 2.729143 | 0.0155 |
| $\ln L_1$ | 0.298993 | 0.085629 | 3.491713 | 0.0033 |
| 决定系数（R-squared） | 0.995797 | 因变量平均值（Mean dependent var） | 5.190185 | |
| 调整的决定系数（Adjusted R-squared） | 0.994956 | 因变量标准差（S. D. dependent var） | 1.081389 | |
| 回归的标准误（S. E. of regression） | 0.076799 | 赤池准则（Akaike info criterion） | -2.110579 | |
| 残差平方和（Sum squared resid） | 0.088472 | 施瓦茨准则（Schwarz criterion） | -1.911750 | |
| 对数似然值（Log likelihood） | 24.05050 | F统计量（F-statistic） | 1184.600 | |
| DW统计量（Durbin-Watson stat） | 1.750742 | 概率值（F统计量）[Prob（F-statistic）] | 0.000000 | |

根据表5-6，得到木材加工业生产函数：

$$\ln \hat{Y}_{1t} = 0.013478 + 0.130355T_1 + 0.363378\ln K_{1t} + 0.298993\ln L_{1t} \quad (5\text{-}13)$$

方程（5-13）中，$R^2$ 为0.995797，$F$ 统计量和各变量参数的 $t$ 统计量均显著，说明模型回归性质良好。木材加工业的资本产出弹性 $\alpha_1$ 为0.363378，劳动产出弹性 $\beta_1$ 为0.298993，将 $\alpha_1$ 和 $\beta_1$ 正则归一化得到

$$\alpha'_1=\frac{\alpha_1}{\alpha_1+\beta_1}=0.548602,\ \beta'_1=\frac{\beta_1}{\alpha_1+\beta_1}=0.45198。$$

②家具制造业：

家具制造业生产函数回归分析，见表5-7。

**表5-7　家具制造业生产函数回归分析**

Tab. 5-7　Regression analysis of production function of furniture manufacturing industry

自变量（Predictors）：（Constant），$T_2$，$\ln K_2$，$\ln L_2$

因变量（Dependent Variable）：$\ln Y_2$

方法（Method）：最小二乘法（Least Squares）

样本（Sample）：1989 2007

包括的观测值（Included observations）：19

| 变量 (Variable) | 系数 (Coefficient) | 标准误 (Std. Error) | t统计量 (t-Statistic) | 概率值 (Prob.) |
|---|---|---|---|---|
| C | -0.535324 | 0.325095 | -1.646668 | 0.1204 |
| $T_2$ | 0.076706 | 0.016753 | 4.578674 | 0.0004 |
| $\ln K_2$ | 0.488056 | 0.108244 | 4.508845 | 0.0004 |
| $\ln L_2$ | 0.453005 | 0.041421 | 10.93662 | 0.0000 |
| 决定系数 (R-squared) | 0.998347 | 因变量平均值 (Mean dependent var) | 4.855668 | |
| 调整的决定系数 (Adjusted R-squared) | 0.998016 | 因变量标准差 (S.D. dependent var) | 1.012533 | |
| 回归的标准误 (S.E. of regression) | 0.045098 | 赤池准则 (Akaike info criterion) | -3.175283 | |
| 残差平方和 (Sum squared resid) | 0.030508 | 施瓦茨准则 (Schwarz criterion) | -2.976454 | |
| 对数似然值 (Log likelihood) | 34.16519 | F统计量 (F-statistic) | 3019.478 | |
| DW统计量 (Durbin-Watson stat) | 2.021840 | 概率值（F统计量）[Prob (F-statistic)] | 0.000000 | |

根据表 5-7，得到家具制造业生产函数：

$$\ln \hat{Y}_{2t} = -0.535324 + 0.076706T_2 + 0.488056\ln K_{2t} + 0.453005\ln L_{2t} \quad (5\text{-}14)$$

式（5-14）中，$R^2$ 为 0.998347，$F$ 统计量和各变量参数的 $t$ 统计量均显著，说明模型回归性质良好。家具制造业的资本产出弹性 $\alpha_2$ 为 0.488056，劳动产出弹性 $\beta_2$ 为 0.453005，将 $\alpha_2$ 和 $\beta_2$ 正则归一化得到 $\alpha'_2 = \frac{\alpha^2}{\alpha_2 + \beta_2} = 0.518623$，$\beta'_2 = \frac{\beta_2}{\alpha_2 + \beta_2} = 0.481376$。

③造纸及纸制品业：

造纸及纸制品业选取合成数据进行实证分析。由于合成数据模型的复杂性，在选定 C—D 模型和索罗余值法的基础上，还需要对合成数据模型本身的类型进行选择。

首先，选择合成数据模型的类型。由于 C—D 模型经过对数变换后，转化为线性模型，因此本文采取一般线性模型对合成数据模型进行分类，并予以取舍。设有因变量 $Y_{it}$ 与 $1 \times K$ 维解释变量向量 $X_{it}$，满足线性关系式：

$$Y_{it} = \alpha_{it} + X_{it}\beta_{it} + \mu_{it} \qquad i = 1, 2, \cdots, N;\ t = 1, 2, \cdots, T \quad (5\text{-}15)$$

式（5-15）中，$N$ 表示个体截面成员的个数，$T$ 表示各个截面成员的观测时期总数，参数 $\alpha_{it}$ 表示模型的常数项，$\beta_{it}$ 表示对应于解释变量向量 $X_{it}$ 的 $K \times 1$ 维系数向量，$K$ 表示解释变量个数。随机误差项 $\mu_{it}$ 相互独立，且满足零均值，等方差为 $\sigma_\mu^2$ 的假设（高铁梅，2006）。假定时间序列参数齐次，即参数满足时间一致性，模型可以写成：

$$Y_{it} = \alpha_i + X_{it}\beta_i + \mu_{it} \qquad i = 1, 2, \cdots, N;\ t = 1, 2, \cdots, T \quad (5\text{-}16)$$

根据截距项向量 $\alpha$ 和系数向量 $\beta$ 中各分量的不同限制要求，可以将式（5-16）所描述的合成数据模型划分为 3 种类型：无个体影响的不变系数模型、含有个体影响的变系数模型和变截距模型（易丹辉，2002）。

Ⅰ. 无个体影响的不变系数模型的单方程回归形式：

$$Y_{it} = \alpha + X_{it}\beta + \mu_{it} \qquad i = 1, 2, \cdots, N;\ t = 1, 2, \cdots, T \quad (5\text{-}17)$$

在该模型中，对于各个体成员方程，截距项 $\alpha$ 和 $K\times1$ 维系数向量 $\beta$ 均相同。

Ⅱ. 变截距模型的单方程回归形式：

$$Y_{it} = \alpha_i + X_{it}\beta + \mu_{it} \quad i=1,\ 2,\ \cdots,\ N;\ t=1,\ 2,\ \cdots,\ T \tag{5-18}$$

在该模型中，各个体成员方程的截距项 $\alpha_i$ 不同，而 $K\times1$ 维系数向量 $\beta$ 相同。

Ⅲ. 变系数模型的单方程回归形式：

$$Y_{it} = \alpha_i + X_{it}\beta_i + \mu_{it} \quad i=1,\ 2,\ \cdots,\ N;\ t=1,\ 2,\ \cdots,\ T \tag{5-19}$$

在该模型中，对于各个体成员方程，截距项 $\alpha_i$ 和 $K\times1$ 维系数向量 $\beta_i$ 均不同。因此，建立合成数据模型的重要一步就是检验样本数据究竟符合上述哪种模型形式，主要检验如下两个假设：

$$H_1:\ \beta_1=\beta_2=\cdots=\beta_N$$

$$H_2:\ \alpha_1=\alpha_2=\cdots=\alpha_N$$

$$\beta_1=\beta_2=\cdots=\beta_N$$

可以利用协方差分析构建 $F$ 检验统计量：

$$F_2 = \frac{(S_3-S_1)/[(N-1)(K+1)]}{S_1/[NT-N(K+1)]} \sim F[(N-1)(K+1),N(T-K-1)] \tag{5-20}$$

$$F_1 = \frac{(S_2-S_1)/[(N-1)K]}{S_1/[NT-N(K+1)]} \sim F[(N-1)K,N(T-K-1)] \tag{5-21}$$

其中 $S_1$、$S_2$ 和 $S_3$ 分别代表式的残差平方和。若 $F_2$ 小于 95% 置信度下的 $F[(N-1)(K+1),\ N(T-K-1)]$，则接受假设 $H_2$，认为样本数据符合不变系数模型。反之，则拒绝假设 $H_2$，继续检验假设 $H_1$。若 $F_1$ 小于 95% 置信度下的 $F[(N-1)K,\ N(T-K-1)]$，则接受假设 $H_1$，认为样本数据符合变截距模型。反之，则拒绝假设 $H_1$，认为样本数据符合变系数模型。

根据实证分析，$S_1=0.8353$，$S_2=2.5520$，$S_3=13.1448$，则 $F_2$ 为 3.8113，$F_1$ 为 0.7087。在 95% 的置信度下，$F_2\geqslant F$（87，30），$F_1\leqslant F$

(58，30)。据此，选取变截距模型做合成数据分析。根据个体影响的不同，变截距模型分为固定影响模型和随机影响模型两种。当数据中所包含的个体成员是所研究总体的所有单位时，即个体成员单位之间的差异可以被看作回归系数的参数变动时，固定影响模型是一个合理的合成数据模型（高铁梅，2006）。因此，本文选取固定影响变截距模型做合成数据分析。

其次，对造纸及纸制品业的合成数据模型进行回归分析，实证结果见表5-8。

**表5-8 造纸及纸制品业生产函数回归分析**

Tab. 5-8 Regression analysis of production function of papermaking and paper products industry

自变量（Predictors）：(Constant)，$T_3$，$\ln K_3$，$\ln L_3$

因变量（Dependent Variable）：$\ln Y_3$

方法（Method）：混合数据广义最小二乘法［Pooled EGLS（Cross-section weights）］

样本（Sample）：2001 2006

包括的观测值（Included observations）：5

包括的横截面数据（Cross-sections included）：30

总的合成数据样本量［Total pool（balanced）observations］：150

一阶加权矩阵后线性估计（Linear estimation after one-step weighting matrix）

| 变量 (Variable) | 系数 (Coefficient) | 标准误 (Std. Error) | t统计量 (t-Statistic) | 概率值 (Prob.) |
|---|---|---|---|---|
| C | 0.472576 | 0.075695 | 6.243150 | 0.0000 |
| $T_3$ | 0.156810 | 0.006432 | 24.38041 | 0.0000 |
| $\ln K_3$ | 0.570800 | 0.031545 | 18.09501 | 0.0000 |
| $\ln L_3$ | 0.299089 | 0.070344 | 4.251793 | 0.0000 |
| 固定影响［Fixed Effects（Cross）］ | | | | |
| _BJ--C | 0.228949 | | | |
| _TJ--C | 0.130891 | | | |
| _HEB--C | 0.439371 | | | |
| _SX--C | -0.335919 | | | |
| _NMG--C | -0.091587 | | | |
| _LN--C | -0.245252 | | | |
| _JL--C | -0.421320 | | | |
| _HLJ--C | -0.313886 | | | |
| _SH--C | 0.444633 | | | |
| _JS--C | 0.494977 | | | |
| _ZJ--C | 0.564714 | | | |
| _AH--C | 0.068535 | | | |

（续）

| | | | |
|---|---|---|---|
| _FJ--C | 0.292081 | | |
| _JX--C | -0.176457 | | |
| _SD--C | 0.610067 | | |
| _HEN--C | 0.547550 | | |
| _HUB--C | 0.464161 | | |
| _HUN--C | 0.265031 | | |
| _GD--C | 0.630815 | | |
| _GX--C | -0.223976 | | |
| _HAIN--C | -0.016076 | | |
| _CQ--C | 0.095819 | | |
| _XC--C | 0.186244 | | |
| _GZ--C | -0.510924 | | |
| _YN--C | -0.261777 | | |
| _SHX--C | -0.317311 | | |
| _GS--C | -0.425535 | | |
| _QH--C | -1.031638 | | |
| _NX--C | -0.447398 | | |
| _XJ--C | -0.644782 | | |
| 效应显示（Effects Specification） | | | |
| 固定影响横截面数据（虚拟变量）[Cross-section fixed (dummy variables)] | | | |
| 加权统计（Weighted Statistics） | | | |
| 决定系数（R-squared） | 0.998467 | 因变量平均值（Mean dependent var） | 5.376611 |
| 调整的决定系数（Adjusted R-squared） | 0.998047 | 因变量标准差（S. D. dependent var） | 3.277160 |
| 回归的标准误（S. E. of regression） | 0.144814 | 残差平方和（Sum squared resid） | 2.453633 |
| F 统计量（F-statistic） | 2380.902 | DW 统计量（Durbin-Watson stat） | 2.278884 |
| 概率值（F 统计量）[Prob（F-statistic）] | 0.000000 | | |
| 不加权统计（Unweighted Statistics） | | | |
| 决定系数（R-squared） | 0.993747 | 因变量的平均值（Mean dependent var） | 3.546465 |
| 残差平方和（Sum squared resid） | 2.592012 | DW 统计量（Durbin-Watson stat） | 1.759624 |

根据表5-8，得到造纸及纸制品业生产函数：

$$\ln \hat{Y}_{3t} = 0.472576 + 0.15681T_3 + 0.5708\ln K_{3t} + 0.299089\ln L_{3t} \quad (5\text{-}22)$$

式（5-22）中，$R^2$ 为0.998467，$F$ 统计量和各变量参数的 $t$ 统计量均显著，说明模型回归性质良好。造纸及纸制品业的资本产出弹性 $\alpha_3$ 为0.570800，劳动产出弹性 $\beta_3$ 为0.299089，将 $\alpha_3$ 和 $\beta_3$ 正则归一化，得到 $\alpha_3 = \frac{\alpha_3}{\alpha_3 + \beta_3} = 0.656176$，$\beta_3 = \frac{\beta_3}{\alpha_3 + \beta_3} = 0.343824$。

3. 生产要素贡献率的测定

利用C—D模型，计算出了中国木材产业各行业的生产要素弹性系数。在此基础上，采用索罗余值法，计算木材产业各行业的生产要素贡献率。首先，根据式（5-8），求出木材产业各行业的资本投入增长率、劳动投入增长率和技术进步率。其次，利用式（5-9）至式（5-11），测算木材产业各行业的生产要素贡献率（表5-9）。

**表5-9 2001～2006年中国木材产业国有及规模以上非国有工业企业的生产要素贡献率 单位：%**

Tab. 5-9 Contribution rate of production factors of all state-owned and non-state-owned industrial enterprises with annual revenue from principal business over 5 million yuan of Chinese timber industry from 2001 to 2006 Unit：%

| 行业 | 技术进步贡献率 | 资本贡献率 | 劳动贡献率 |
|---|---|---|---|
| 木材加工业 | 45.08 | 33.41 | 21.51 |
| 家具制造业 | 24.51 | 42.05 | 33.44 |
| 造纸及纸制品业 | 51.88 | 42.93 | 5.19 |

2001～2006年木材加工业的工业总产值年均增长25.82%，远高于国民生产总值的平均增长速度，说明中国木材加工业的发展态势良好。其中，资本投入年均增长15.73%，劳动投入年均增长12.30%，技术年均进步率为11.64%。在此基础上，求出该时期木材加工业的资本贡献率为33.41%，劳动贡献率为21.51%，技术进步贡献率为45.08%。

2001～2006年家具制造业的工业总产值年均增长33.04%，资本投入年均增长26.78%，劳动投入年均增长22.95%，技术年均进步率为8.10%。基于此，求出该时期家具制造业的资本贡献率为42.05%，劳动贡献率为33.44%，技术进步贡献率为24.51%。

2001～2006年造纸及纸制品业的工业总产值年均增长22.78%，资本投入年均增长14.90%，劳动投入年均增长3.44%，技术年均进步率为11.82%。据此，求出该时期造纸及纸制品业的资本贡献率为42.93%，劳动贡献率为5.19%，技术进步贡献率为51.88%。

木材产业是传统的工业产业，规模化经营水平对创出性资源的运用能力具有重要影响。一般而言，规模较大的企业，规模化经营的水平也较高，具备大量投入创出性资源的实力，能够较为充分地整合与利用创出性资源，从而最大限度地发挥创出性资源的作用。反之，规模较小的企业，规模化经营的水平较低，缺乏大量投入创出性资源的资金基础，而且企业规模也会限制创出性资源的利用效率，因而创出性资源的作用较为有限。

由于统计资料的限制，在木材产业生产要素贡献率的测定中，实证对象仅限于国有及规模以上非国有工业企业。与年主营业务收入在500万元以下的小型企业相比，这些规模较大的企业代表着木材产业中先进的生产力水平，对创出性资源的运用能力相对较强，因而创出性资源对企业发展的贡献相对较大。根据2005～2006年中国统计年鉴的相关数据，2004年木材加工业、家具制造业、造纸及纸制品业的国有及规模以上非国有工业企业数量占这三个行业全部企业总量的比重分别为10.47%、9.71%和15.32%。可见，木材产业的主体为年主营业务收入在500万元以下的小型企业。这些规模较小的企业，生产力水平相对落后，对创出性资源的投入与配置能力较为薄弱，因而创出性资源对企业发展的贡献较小。技术进步贡献率是衡量创出性资源贡献的主要指标。据此可以推定，对于中国木材产业三大行业而言，行业的平均技术进步贡献率要远小于国有及规模以上非国有工业企业的技术进步贡献率。因此，中国木材产业三大行业的平均技术贡献率均小于50%，从而得出结论：中国木材产业原始性资源的贡献要大于创出性资源的贡献。

生产要素贡献率可以在一定程度上衡量生产要素的密集程度。因此，生产要素贡献率的测定，可以反映出中国木材产业三大行业资源配置的不同特点。根据表5-4，通过对比，可以发现：在木材产业的各个行业中，造纸及纸制品业的技术密集程度相对较高，家具制造业的劳动密集程度相对较高，而木材加工业各种生产要素的密集程度则相对均衡。原因如下：相对而言，造纸企业的规模较大，技术水平和自动化程度较高，而对一般劳动的需求较小，因此该行业的技术进步率较大。家具企业的规模较小，大量使用廉价的劳动力进行生产，导致劳动投入贡献率较大。木材加工业中既有技术密集程度较高的细分行业，比如纤维板业、刨花板业，又有劳动密集程度较高的细分行业，比如胶合板业、木制品业。因此，木材加工业各种生产要素的贡献率相对均衡。

**（二）全要素生产率的变化及构成**

技术进步贡献率衡量的是创出性资源总体对木材产业发展的贡献，为了比较研究不同创出性资源对产业发展的贡献，必须对技术进步贡献率加以解析，为此，本研究引入了全要素生产率的概念。全要素生产率（total factor productivity，以下简称为TFP），是指总产出与综合要素投入之比，即每单位投入的平均产出，能够反映各种生产要素效率的综合变化，是衡量经济增长源泉的重要指标。

根据综合要素的属性和作用，全要素生产率可以划分为三个维度（李晶，2007）：首先，实体性要素。实体性要素是指生产过程中处于核心地位的、独立存在的、必需的要素，即技术进步。其次，渗透性要素。渗透性要素是指渗入生产过程中，对生产过程起着协调、融通和催化作用的要素，即技术的利用效率。第三，外生性要素。外生性要素作为生产过程的外部要素，只是在某种经济社会条件下融入到生产过程的某个阶段，通过实体性要素发挥作用。在制度环境不变的前提下，外生性要素主要是指规模经济。基于理论解释的角度，全要素生产率同样是衡量创出性资源对产业发展贡献的重要指标。在测算方法方面，全要素生产率增长率同技术进步贡献率存在数量上的转化关系，即：

$$\text{技术进步贡献率} = \frac{\text{全要素生产率增长率}}{\text{产出增长率}} \qquad (5\text{-}23)$$

因此，通过对全要素生产率的变化及构成展开实证分析，就可以解析出不同创出性资源在技术进步贡献率中所起到的作用，进而全面、系统地勾勒出中国木材产业的资源基础。基于数据包络分析（Data Envelopment Analysis，以下简称为 DEA）的 Malmquist 生产率指数是测算全要素生产率变化及其构成的有效方法。但是，由于木材加工业和家具制造业的合成数据缺失，只能对造纸及纸制品业的全要素生产率予以实证分析。因此，本文拟利用 Malmquist 生产率指数，测算中国造纸及纸制品业全要素生产率的变化及其构成。据此，进一步推断木材加工业和家具制造业全要素生产率的变化状况。

1. Malmquist 生产率指数的数学界定

Malmquist 生产率指数，是 1982 年 Caves 等比照 Malmquist 数量指数构造的，它建立在距离函数之上，用于测量全要素生产率变化。在 20 世纪 90 年代中期之前，Malmquist 算法多采用经济计量学方法，但是由于计算上的复杂性，使得这一方法很少得以实际应用。1994 年 Fëre 提出基于 DEA 的 Malmquist 算法，使得这一指数在产业经济和企业管理工程研究方面得到广泛的应用。

在 $m$ 维投入向量空间 $R^m$ 和 $k$ 维产出向量空间 $R^k$ 所构成的生产空间 $\Omega$（$\Omega = R^m \times R^k$）上，Shepherd 给出的距离函数的定义为：

$$\begin{aligned} D(X,Y) &= inf\{\theta:(X,Y/G) \in T, X \in R^m, Y \in R^K, G \geqslant \theta\} \\ &= [sup\{\alpha:(X,\alpha Y) \in T, X \in R^m, Y \in R^K, \alpha \geqslant \theta\}]^{-1} \end{aligned} \qquad (5\text{-}24)$$

式（5-24）中，$T$ 为一定技术所对应的生产可能集：$T = \{(X,\ Y): X$ 能够生产出 $Y\}$，$\alpha$、$\theta$ 为标量。用（$X_s$，$Y_s$）和（$X_t$，$Y_t$）分别表示时期 $s$、$t$ 的投入和产出向量，$D_o^s(X_s, Y_s \mid C)$ 和 $D_o^s(X_t, Y_t \mid C)$ 分别表示以 $s$ 时期技术 $T_s^c$ 为参照的，时期 $s$ 与时期 $t$ 生产点的距离函数（Shepherd R W，1970）。其中，$C$ 代表不变规模报酬，相对应地，$V$ 代表可变规模报酬。Caves D W 等（1982）以两个时期 Malmquist 指数的几何平均值，作为度量时期 $s$ 到时期 $t$ 生产率变化的 Malmquist 生产率

指数 $M_o(X_s, Y_s, X_t, Y_t)$。$M_o(X_s, Y_s, X_t, Y_t)$ 的计算公式为：

$$M_o(X_s, Y_s, X_t, Y_t) = \left[\frac{D_o^s(X_t, Y_t \mid C)}{D_o^s(X_s, Y_s \mid C)} \times \frac{D_o^t(X_t, Y_t \mid C)}{D_o^t(X_s, Y_s \mid C)}\right]^{\frac{1}{2}}$$

$$= \frac{D_o^t(X_t, Y_t \mid C)/D_o^t(X_t, Y_t \mid V)}{D_o^s(Xs, Ys \mid C)/D_o^s(X_s, Y_s \mid V)} \times \frac{D_o^t(X_t, Y_t \mid V)}{D_o^s(X_s, Y_s \mid V)}$$

$$\times \left[\frac{D_o^s(X_t, Y_t \mid C)}{D_o^t(X_t, Y_t \mid C)} \times \frac{D_o^s(X_s, Y_s \mid C)}{D_o^t(X_s, Y_s \mid C)}\right]^{\frac{1}{2}} \tag{5-25}$$

如此定义的 Malmquist 生产率指数具有良好的理论性质。全要素生产率是由所有生产要素共同作用而形成的综合性生产率，然而，各种生产要素在全要素生产率体系结构中所处的地位和发挥的作用是不同的，Fëre R 等（1994）将基于 DEA 算法的 Malmquist 生产率指数分解为技术变动指数、纯技术效率变动指数和规模效率变动指数三部分。其中，技术变动指数是衡量实体性要素——技术进步的指标，纯技术效率变动指数是度量渗透性要素——技术利用效率的指标，规模效率是测量外生性要素——规模经济的指标，通过这三个指数可以更加清楚地描述全要素生产率的变动状态。

式（5-25）中，$M_o(X_s, Y_s, X_t, Y_t)$ 表示全要素生产率变动指数（tfpch），即 Malmquist 生产率指数，$\left[\frac{D_o^s(X_t, Y_t \mid C)}{D_o^t(X_t, Y_t \mid C)} \times \frac{D_o^s(X_s, Y_s \mid C)}{D_o^t(X_s, Y_s \mid C)}\right]^{\frac{1}{2}}$ 表示技术变动指数（techch），$\frac{D_o^t(X_t, Y_t \mid V)}{D_o^s(X_s, Y_s \mid V)}$ 表示纯技术效率变动指数（pech），$\frac{D_o^t(X_t, Y_t \mid C)/D_o^t(X_t, Y_t \mid V)}{D_o^s(X_s, Y_s \mid C)/D_o^s(X_s, Y_s \mid V)}$ 表示规模效率变动指数（sech），从而得到全要素生产率变动指数与各个分解要素之间的数量关系式：

$$tfpch = techch \times pech \times sech \tag{5-26}$$

2. Malmquist 生产率指数的经济学解释

假定所有的投入可能性集合为 $X$，所有的产出可能性集合为 $Y$，$Y/X$ 表示全要素生产率。根据图 5-1，$Y = F(X)$ 是在现有技术水平下的

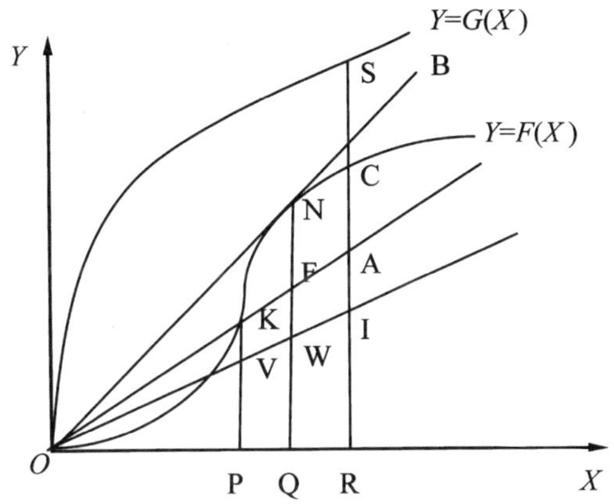


**图 5-1　Malmquist 生产率指数的经济学解释**

Fig. 5-1　Economic explanation of Malmquist productivity index

生产可能性曲线，即生产前沿面。假定由于技术进步，导致生产函数发生改变，生产前沿面从 $Y=F$（$X$）抬高到 $Y=G$（$X$），下面将讨论全要素生产率增长的构成，以便揭示经济增长的内在机理。假设生产从 V 点移至 S 点，全要素生产率的提高可以通过从 V 点到 S 点的变化，用以下形式进行分解：SR/IR =（AR/IR）×（CR/AR）×（SR/CR）。那么，AR/IR =（AR/OR）/（VP/OP），可以解释为纯技术效率的提高，即生产管理水平的提高带来的全要素生产率的提高；CR/AR =（CR/OR）/（KP/OP），可以解释为规模效率的改善，即由规模报酬递增带来的全要素生产率的提高；SR/CR =（SR/OR）/（CR/OR），可以解释为技术进步，即生产前沿面的移动带来的全要素生产率的提高（Banker R D，1984）。因此，全要素生产率的增长可以解释为技术水平、纯技术进步效率和规模效率三个要素共同作用的结果。

技术变动指数（techch）表示产业的技术变化变动情况，当 techch >1（=1，<1）时，表示整个产业的技术水平提高了（不变、下降了），这与所采用的技术状况有关。纯技术效率变化（pech）表示整个产业在技术不变的条件下，通过改善生产管理所获得的生产效率的改善，当 pech >1（=1、<1）时，表示产业的纯技术效率提高了（不

变、降低了）（潘晓雨，2005）。规模效率变化（sech）用来衡量产业的实际规模与最佳规模之间的偏差，当 sech > 1（=1，<1）时，说明实际规模与最佳规模间的偏差缩小了（不变、增加了）。

3. 数据选取

为了计算全要素生产率，本文采用生产函数的基本变量，利用劳动投入量（$L$）和资本存量（$K$）作为投入变量，产出总额（$Y$）作为产出变量，研究的数据来源于 2000～2006 年中国工业经济统计年鉴，涉及到全国各个省份的相关指标（表 5-10 及表 5-3、表 5-5）。据此，本研究做如下调整：①对于劳动投入量（$L$），本研究采用从业人员平均人数来反映一年内造纸及纸制品业全部劳动力资源的实际利用情况。②对于资本存量（$K$），目前国际上通用的度量方法是永续盘存法和资本租赁价格度量，但是鉴于统计资料的限制，本文采用固定资产净值年平均余额进行测算。③各个省份的产出总额（$Y$）用"工业总产值"表示。所有省份的工业总产值按照全国工业产品出厂价格指数折算为基年为 1999 年的数值，以消除由于各年份价格水平不同对统计结果造成的影响。

4. 实证分析

本文应用 deap 2.0 软件计算 Malmquist 生产率指数，选用产出导向型的计算方式[①]，分别得到中国造纸及纸制品业的年度 Malmquist 生产率指数和区域 Malmquist 生产率指数。

（1）中国造纸及纸制品业全要素生产率的年际变化及构成：

比较全要素生产率的年际变化及其构成可以对中国造纸及纸制品业各个时期的发展状况作出评价，并对影响因素分别作一分析。本文利用 1999～2005 年各个省份的相关数据，计算出中国造纸及纸制品业的年度 Malmquist 生产率指数（表 5-11）。

① 产出导向型，即给定投入要素资源，比较产出的最优状态。

### 表 5-10 1999～2005 年中国各地区造纸及纸制品业固定资产净值年平均余额

单位：亿元

Tab. 5-10 Annual average balance of net fixed assets of papermaking and paper products industry in all the regions of China from 1999 to 2005 Unit：100 million yuan

| 省份 | 简称 | 1999 | 2000 | 2001 | 2002 | 2003 | 2005 |
|---|---|---|---|---|---|---|---|
| 北京 | _ BJ | 11. 11 | 11. 93 | 11. 52 | 11. 80 | 10. 07 | 13. 04 |
| 天津 | _ TJ | 32. 67 | 29. 08 | 32. 88 | 16. 23 | 23. 68 | 30. 19 |
| 河北 | _ HEB | 39. 10 | 44. 52 | 45. 75 | 45. 59 | 47. 97 | 53. 50 |
| 山西 | _ SX | 24. 41 | 5. 18 | 5. 03 | 3. 46 | 2. 63 | 4. 65 |
| 内蒙古 | _ NMG | 38. 56 | 5. 04 | 5. 15 | 5. 25 | 6. 43 | 13. 46 |
| 辽宁 | _ LN | 99. 86 | 24. 61 | 33. 30 | 35. 30 | 32. 55 | 41. 33 |
| 吉林 | _ JL | 79. 95 | 17. 97 | 18. 26 | 22. 04 | 28. 10 | 23. 39 |
| 黑龙江 | _ HLJ | 36. 45 | 42. 82 | 54. 44 | 52. 92 | 41. 78 | 33. 41 |
| 上海 | _ SH | 136. 20 | 35. 97 | 37. 20 | 38. 08 | 42. 22 | 62. 81 |
| 江苏 | _ JS | 108. 01 | 191. 04 | 226. 64 | 246. 50 | 245. 79 | 354. 86 |
| 浙江 | _ ZJ | 0. 49 | 84. 97 | 96. 10 | 108. 48 | 129. 59 | 184. 50 |
| 安徽 | _ AH | 7. 43 | 13. 00 | 11. 90 | 11. 70 | 14. 37 | 23. 72 |
| 福建 | _ FJ | 3. 37 | 66. 98 | 69. 12 | 76. 80 | 78. 59 | 86. 16 |
| 江西 | _ JX | 20. 24 | 12. 27 | 12. 47 | 11. 24 | 12. 23 | 25. 54 |
| 山东 | _ SD | 39. 01 | 142. 35 | 138. 41 | 183. 53 | 259. 15 | 394. 78 |
| 河南 | _ HEN | 16. 73 | 48. 85 | 47. 81 | 48. 91 | 44. 56 | 97. 84 |
| 湖北 | _ HUB | 13. 38 | 16. 73 | 17. 14 | 19. 34 | 28. 09 | 34. 04 |
| 湖南 | _ HUN | 46. 01 | 26. 02 | 24. 95 | 28. 60 | 36. 76 | 57. 02 |
| 广东 | _ GD | 21. 16 | 147. 91 | 156. 85 | 160. 90 | 182. 67 | 262. 45 |
| 广西 | _ GX | 20. 01 | 40. 18 | 43. 78 | 41. 24 | 44. 14 | 51. 59 |
| 海南 | _ HAIN | 22. 39 | 0. 47 | 0. 53 | 0. 64 | 0. 47 | 85. 77 |
| 重庆 | _ CQ | 5. 29 | 4. 19 | 4. 49 | 4. 16 | 4. 83 | 5. 39 |
| 四川 | _ XC | 28. 18 | 29. 01 | 27. 01 | 29. 61 | 31. 16 | 43. 03 |
| 贵州 | _ GZ | 2. 81 | 2. 26 | 2. 05 | 2. 54 | 2. 20 | 1. 77 |
| 云南 | _ YN | 12. 50 | 26. 14 | 25. 19 | 27. 08 | 25. 51 | 24. 57 |
| 陕西 | _ SHX | 12. 11 | 11. 68 | 10. 81 | 13. 16 | 14. 80 | 17. 41 |
| 甘肃 | _ GS | 3. 28 | 3. 44 | 3. 88 | 3. 91 | 4. 23 | 3. 85 |
| 青海 | _ QH | 0. 31 | 0. 32 | 0. 34 | 0. 37 | 0. 34 | 0. 56 |
| 宁夏 | _ NX | 6. 94 | 6. 60 | 8. 33 | 10. 72 | 14. 35 | 17. 56 |
| 新疆 | _ XJ | 6. 73 | 6. 62 | 7. 90 | 7. 69 | 7. 16 | 10. 77 |

注 a：数据引自历年中国工业经济统计年鉴，经整理得到；

注 b：由于统计资料的限制，2004 年相关数据缺失；

注 c：由于统计资料的限制，西藏相关数据缺失。

**表 5-11 1999～2005 年中国造纸及纸制品业的年度 Malmquist 生产率指数①**

Tab. 5-11 Annual Malmquist productivity index of papermaking and paper products industry in China from 1999 to 2005

| 年份 | 技术变动 (*techch*) | 纯技术效率变动 (*pech*) | 规模效率变动 (*sech*) | 全要素生产率变动 (*tfpch*) |
|---|---|---|---|---|
| 1999～2000 | 1.247 | 0.955 | 0.961 | 1.145 |
| 2000～2001 | 1.085 | 1.004 | 1.008 | 1.098 |
| 2001～2002 | 0.986 | 1.046 | 0.986 | 1.018 |
| 2002～2003 | 1.224 | 1.016 | 1.007 | 1.252 |
| 2003～2005 | 1.259 | 1.058 | 0.967 | 1.288 |
| 平均值 | 1.128 | 1.013 | 0.988 | 1.128 |

注 a：原始数据来自历年中国工业经济统计年鉴；

注 b：表中 *tfpch* 为 Malmquist 生产率指数，即当年全要素生产率（TFP）与上年全要素生产率（TFP）之比；

注 c：平均值为各个指标几何平均数；

注 d：由于西藏数据缺失，Malmquist 生产率指数没有将西藏造纸及纸制品业计算在内。

①全要素生产率的年际变化：

根据图 5-2，1999～2005 年中国造纸及纸制品业全要素生产率的变化呈现两大特征：

Ⅰ. 全要素生产率增长较快。7 年间中国造纸及纸制品业全要素生产率增长了 106.4%，年均增长 12.8%。

Ⅱ. 全要素生产率增长存在拐点。2002 年是中国造纸及纸制品业全要素生产率增长的拐点，1999～2002 年全要素生产率增长速度从 14.5% 骤降至 1.8%，2002～2005 年全要素生产率增长速度从 1.8% 猛增至 28.8%。

由于全要素生产率是衡量经济增长的重要指标，1999～2005 年全要素生产率的变化说明在这一时期中国造纸及纸制品业经济增长迅速，主要是由于这一时期中国经济发展较快，对纸及纸制品的需求量大幅增加，拉动了造纸及纸制品业的快速发展。

① 由于 2004 年相关数据缺失，表 5-11 中只能计算 2003～2005 年的 Malmquist 生产率指数。但是，为了准确反映 Malmquist 生产率指数的年均变化情况，在计算平均值时将 2004 年考虑在内。

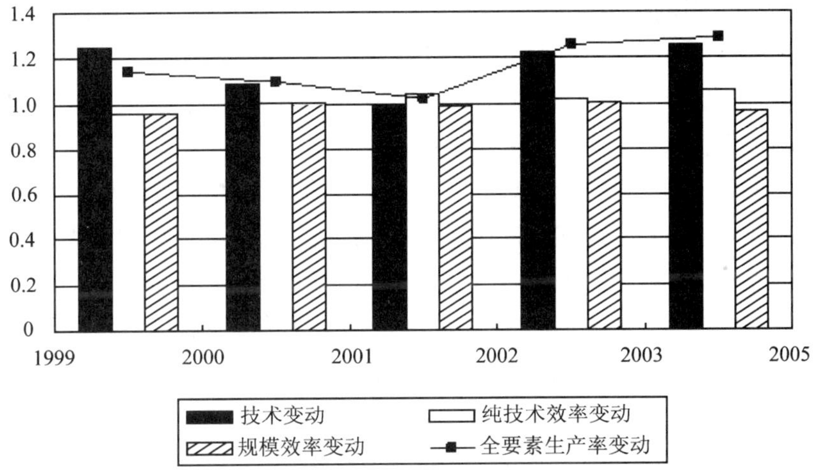


**图 5-2　1999～2005 年中国造纸及纸制品业全要素生产率的变化及构成**

Fig. 5-2　Change and composition of total factor productivity index of papermaking and paper products industry in China from 1999 to 2005

②全要素生产率年际变化的构成：

根据全要素生产率的增长结构，深入分析各个分解要素的年际变化，进一步研究全要素生产率的增长源泉。根据图 5-2，1999～2005 年技术变动指数与全要素生产率呈现相同的变化趋势，表现在两方面，一是技术进步较快。这一时期中国造纸及纸制品业技术水平提高了 106.4%，年均技术进步率达到 12.8%。二是技术变动存在拐点。2002 年中国造纸及纸制品业技术变动的拐点，1999～2002 年技术进步率从 24.7% 跌至 -1.4%，2002～2005 年技术进步率从 -1.4% 迅速增至 25.9%。其中，2001～2002 年出现了技术倒退，技术水平下降了 1.4%。与其他构成要素相比，技术进步对全要素生产率增长的贡献较大。可见，中国造纸及纸制品业全要素生产率的增长属于技术诱导型的增长模式。

纯技术效率是指技术利用的效率，纯技术效率的变动反映了企业生产管理水平的变化。根据图 5-2，1999～2005 年纯技术效率略有增长，7 年间增长了 7.8%，年均增长 1.3%，对全要素生产率增长的贡献较小，这表明由于生产管理落后，中国造纸及纸制品业在技术的利用效率方面发展缓慢。实际上，生产管理应该随着技术的变革不断改进，以便为技术的应用创造有利的运作机制。现阶段，由于企业管理理念和管理方法的落后，生产管理的精细化程度和效率性都无法适应企业技术进步的速度，客观上阻碍了先进技术生产效率的发挥，致使中国造纸及纸制品业已经形成的技术能力得不到充分的释放。

规模效率变动指数是衡量产业实际规模与最优规模之间偏差变化的指标。根据图 5-2，1999～2005 年中国造纸及纸制品业年均规模效率变动指数为 0.988，出现了负增长，7 年间下降了 7.0%，年均降低 1.2%，直接对全要素生产率的增长产生了不利影响，表明中国造纸及纸制品业的实际规模与最优规模之间的偏差在增大，产业处于规模不经济的状态。

（2）中国造纸及纸制品业全要素生产率的区域变化及构成：

由于中国经济发展不平衡，东部、中部和西部呈现明显的阶梯性经济特征，因此比较分析全要素生产率的区域变化及构成能够有效地判断出中国造纸及纸制品业区位布局的特点。本文根据中国统计年鉴的区域划分标准，分别计算出中国三个区域造纸及纸制品业的 Malmquist 生产率指数（表 5-12）。

**表 5-12 1999～2005 年中国造纸及纸制品业的区域 Malmquist 生产率指数①**

Tab. 5-12 Regional Malmquist productivity index of papermaking and paper products industry in China from 1999 to 2005

| 区域 | 技术变动 (*techch*) | 纯技术效率变动 (*pech*) | 规模效率变动 (*sech*) | 全要素生产率变动 (*tfpch*) |
|---|---|---|---|---|
| 东部 | 1.119 | 1.015 | 1.000 | 1.136 |
| 中部 | 1.141 | 1.035 | 1.001 | 1.182 |
| 西部 | 1.168 | 0.984 | 0.980 | 1.126 |

注 a：东部地区包括，河北、北京、天津、广东、江苏、辽宁、山东、上海、浙江、福建、海南；

注 b：中部地区包括，安徽、河南、黑龙江、吉林、内蒙古、湖北、湖南、江西、山西；

注 c：西部地区包括，广西、贵州、云南、四川、重庆、宁夏、青海、甘肃、陕西、新疆；

注 d：由于西藏数据缺失，未予计算。

① 表 5-12 中的数据为历年造纸及纸制品业不同区域的的年均 Malmquist 生产率指数。虽然 2004 年的相关数据缺失，但是为了准确反映 Malmquist 生产率指数的年均变化情况，表 5-12 已将 2004 年考虑在内。

①全要素生产率的区域变化：

根据图5-3，从全要素生产率变化的区域差异来看，中部地区增长最快，7年间增长了172.7%，年均增长18.2%；东部地区次之，7年间增长了114.9%，年均增长13.6%；西部地区稍显落后，7年间增长了103.8%，年均增长12.6%。这说明中部地区成为中国造纸及纸制品业经济增长最快的地区。

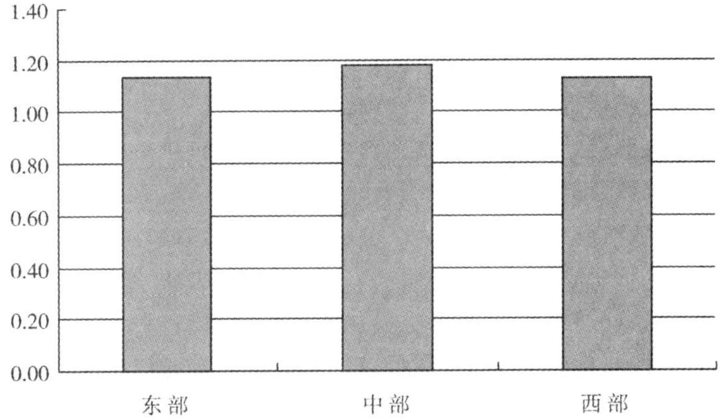


**图5-3　1999～2005年中国造纸及纸制品业的区域全要素生产率变动指数**

Fig. 5-3　Regional total factor productivity change index of papermaking and paper products industry in China from 1999 to 2005

②全要素生产率区域变化的构成：

根据图5-4，从技术变动的区域差异来看，西部地区技术进步最快，7年间提高了153.9%，年均增长16.8%；中部地区次之，7年间提高了120.7%，年均增长14.1%；东部略显缓慢，7年间提高了96.3%，年均增长11.9%。

根据图5-4，从纯技术效率变化的区域差异来看，中部地区纯技术效率增长最快，7年间提高了22.9%，年均增长3.5%；东部地区次之，7年间提高了9.3%，年均增长1.5%；西部地区纯技术效率出现下滑，7年间降低了9.2%，年均下降1.6%。这说明：相比较而言，中部地区的生产管理水平提高较快，而西部地区的生产管理水平逐年下降。

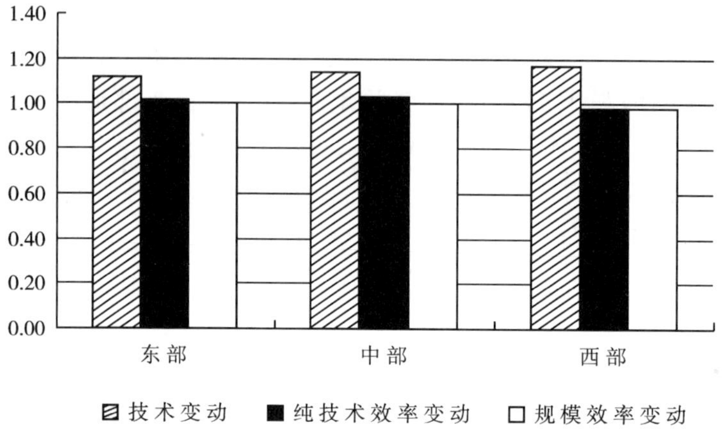


**图 5-4　1999 ~ 2005 年中国造纸及纸制品业的区域 Malmquist 生产率指数**

Fig. 5-4　Regional Malmquist productivity index of papermaking and paper products industry in China from 1999 to 2005

图 5-4 显示，从规模效率变化的区域差异来看，中部地区略有改善，7 年间提高了 0.6%，年均增长 0.1%，这说明中部地区的实际规模与最优规模之间的偏差略有缩小，规模的经济性有所改善；东部地区没有改善，7 年间规模效率不变，这说明东部地区的实际规模与最优规模之间的偏差保持不变，规模的经济性没有变化；西部地区持续下降，7 年间下降了 11.4%，年均降低 2.0%，这说明西部地区的实际规模与最优规模之间的偏差加大，规模变化存在不经济性。

规模效率变动指数是衡量产业实际规模与最优规模之间偏差变化的重要指标，但是却不能确定规模报酬的状态，因而无法对规模变动的方向作出指导。本文使用 deap 2.0 软件，仍然选取历年中国造纸及纸制品业的投入产出数据，采取 VRS 多阶段 DEA 模型，测算 1999 ~ 2005 年中国造纸及纸制品业的区域规模报酬。根据表 5-13，1999 ~ 2005 年东部地区始终处于最优规模报酬状态，这说明东部地区的造纸及纸制品业处于最优规模；这一时期中部地区除了 1999 年处于规模报酬递增阶段之外，其他年份均处于最优报酬状态，这说明中部地区自 1999 年扩大生产规模后一直处于最优规模；这一时期西部地区一直处于规模报酬递增阶段，这说明西部地区的产业规模偏小，没有达到最优规模报酬。

**表 5-13　1999～2005 年中国造纸及纸制品业的区域规模报酬情况**

Tab. 5-13　Regional returns to scale of papermaking and paper products industry in China from 1999 to 2005

| 年份 | 东部 | 中部 | 西部 |
|---|---|---|---|
| 1999 | ※ | irs | irs |
| 2000 | ※ | ※ | irs |
| 2001 | ※ | ※ | irs |
| 2002 | ※ | ※ | irs |
| 2003 | ※ | ※ | irs |
| 2005 | ※ | ※ | irs |

注 a：由于统计资料缺失，2004 年相关数据无法计算；

注 b：“※”表示处于最优规模报酬状态；

注 c：“irs”表示处于规模报酬递增阶段。

需要指出的是，VRS 多阶段 DEA 模型，仅能衡量区域之间的行业规模报酬情况，而对区域内部的规模化状况还无法做出解释。虽然中国造纸及纸制品业东部和中部地区处于最优规模报酬状态，但仅反映出东部和中部地区行业的整体规模已达到最佳，并不意味着这些地区内部行业的规模化水平达于最优。区域内部行业的规模化水平仍然需要取决于企业内部和企业之间的的规模化经营水平。总体上看，借助于对全要素生产率及其构成的实证分析，在一定程度上解析了中国造纸及纸制品业创出性资源的变化规律，揭示出行业技术进步、生产管理与规模扩张之间存在发展不均衡的问题，而这种不均衡制约了造纸及纸制品业全要素生产率的提高，长期下去，势必会影响创出性资源在产业发展中作用的发挥。

由于缺乏中国木材加工业和家具制造业投入与产出的合成数据，因此无法对其进行数据包络分析。本研究依据造纸及纸制品业 Malmquist 生产率指数的实证分析结果，通过对比分析，推断木材加工业和家具制造业全要素生产率的变化状况。木材加工业和家具制造业中，大多是从家庭小作坊发展起来的家族式企业，企业规模较小，管理水平较低，产权形式落后。因此，可以推断木材加工业和家具制造业的纯技术效率变动指数要低于造纸及纸制品业。根据中国统计年鉴，2006 年木材加工业和家具制造业国有及规模以上非国有工业企业的工业总产值分别占造纸及纸制品业国有及规模以上非国有工业企业的 48.24%、37.40%，说明木材加工业和家具制造业的行业规模远小于造纸及纸制品业。由此可以推断，木材加工业和家具制造业的规模效率应该低于造纸及纸制品业。可见，木材加工业和家具制造业也存在着全要素生产率各影响因子之间不均衡的问题。

综上所述，全要素生产率的解析说明，创出性资源之间存在着紧密联系。从辩证的角度来说，这种关系既可以是相互促进的，又可以是彼此制约的。如果忽视了某种创出性资源的投入与配制，就会产生“木桶效应”①，成为限制全要素生产率提高的主要阻碍。因此，对于创出性资源的利用，必须协同发展，共同提高。只有这样，才能发挥创出性资源最大的经济效益。

## 三、资源基础转换观点的提出

### （一）资源基础的实证分析

资源基础研究的对象是何种资源在产业发展中起主导作用，通过不同类型资源在木材产业发展中贡献的对比分析，可以判断中国木材产业资源基础的实际状况，为产业政策的设计提供依据。为此，以 C—D 模型的拓展式为依托，通过构建资源基础判定系数，利用资源贡献的实证结果，对中国木材产业资源基础予以研究。如果将主要资源均作为木材产业发展的生产函数变量，则 C—D 模型可扩展为：

$$Y = BM^{\nu}K^{\alpha}L^{\beta}R^{\gamma}H^{\eta}U^{\chi} \qquad (5\text{-}27)$$

式（5-27）中，$Y$ 为工业总产值，$M$、$K$ 和 $L$ 分别代表木材供给、物质资本和劳动投入等原始性资源，$R$、$H$ 和 $U$ 分别表示技术进步、智力资本和融资能力等创出性资源，参数 $\nu$、$\alpha$、$\beta$、$\gamma$、$\eta$ 和 $\chi$ 分别代表资源对产出的弹性系数，参数 $B$ 代表规模经济对产业发展的影响。

① 一只木桶到底能盛多少水，取决于桶壁的那块最低的木板，而不是取决于那块最高的木板。此现象通常被企业家们视为“木桶效应”。

对式（5-27）两边同时取对数，得到

$$\ln Y = \ln B + \upsilon \ln M + \alpha \ln K + \beta \ln L + \gamma \ln R + \eta \ln H + \chi \ln U \quad (5\text{-}28)$$

对式（5-28）两边同时求导，得到

$$\frac{dY}{Y} = \frac{dB}{B} + \upsilon\frac{dM}{M} + \alpha\frac{dK}{K} + \beta\frac{dL}{L} + \gamma\frac{dR}{R} + \eta\frac{dH}{H} + \chi\frac{dU}{U} \quad (5\text{-}29)$$

式（5-29）经过差分变换后，得到

$$\frac{\Delta Y}{Y} = \frac{\Delta B}{B} + \upsilon\frac{\Delta M}{M} + \alpha\frac{\Delta K}{K} + \beta\frac{\Delta L}{L} + \gamma\frac{\Delta R}{R} + \eta\frac{\Delta H}{H} + \chi\frac{\Delta U}{U} \quad (5\text{-}30)$$

设 $\Delta Y/Y$ 为 $g_Y$，$\Delta B/B$ 为 $g_B$，$\Delta M/M$ 为 $g_M$，$\Delta K/K$ 为 $g_K$，$\Delta L/L$ 为 $g_L$，$\Delta R/R$ 为 $g_R$，$\Delta H/H$ 为 $g_H$，$\Delta U/U$ 为 $g_U$，则式（5-30）转化为：

$$g_Y = g_B + \nu g_M + \alpha g_K + \beta g_L + \gamma g_R + \eta g_H + \chi g_U \quad (5\text{-}31)$$

式（5-31）是木材产业增长源泉的分解式，除去木材供给 $M$、物质资本 $K$ 和劳动投入 $L$ 等原始性资源带来的增长，剩余部分为创出性资源所做出的贡献，表示为：

$$g_A = g_B + \gamma g_R + \eta g_H + \chi g_U \quad (5\text{-}32)$$

根据索罗的定义，$g_A$ 就是全要素生产率。从式5-32中可以看出，促进技术进步，提高智力资本投资，增强融资能力是提高生产效率，促进产业发展的有效途径。根据资源基础的界定，构造资源基础判定系数：

$$\zeta = \frac{g_B + \gamma g_R + \eta g_H + \chi g_U}{\nu g_M + \alpha g_K + \beta g_L} = \frac{g_A}{\nu g_M + \alpha g_K + \beta g_L} \quad (5\text{-}33)$$

根据式（5-33），$\zeta > 1$，说明创出性资源在产业发展中占主导地位；$\zeta < 1$，说明原始性资源在产业发展中占主导地位；$\zeta = 1$，说明原始性资源与创出性资源对产业发展的贡献均衡。$\zeta$ 越大，说明创出性资源对产业的贡献越大，产业竞争力越强；$\zeta$ 越小，说明原始性资源对产业的贡献越大，产业竞争力越弱。

利用木材产业生产要素贡献率的实证结果，可以对资源基础判定系数予以计算。但是，由于在生产要素贡献率的实证分析中，没有纳入木材供给因素，因而在实际计算中对式（5-33）加以简化，剔除木材供给的贡献率 $\nu g_M$，得到：

$$\zeta_1 = \frac{g_A}{\alpha g_K + \beta g_L} \tag{5-34}$$

劳动和资本作为一般意义的生产要素，是原始性资源的主体，而木材仅以原材料的形式参与生产，对产业发展的推动作用较为有限。所以，$\zeta_1$ 对资源基础的衡量依然较为准确，计算结果见表 5-14。

**表 5-14　2001～2006 年中国木材产业国有及规模以上非国有工业企业的资源基础判定系数**

Tab. 5-14　Determination coefficients of resource base of all state-owned and non-state-owned industrial enterprises of Chinese timber industry from 2001 to 2006

| 行业 | $g_A$ | $\alpha g_K$ | $\beta g_L$ | $\zeta_1$ |
|---|---|---|---|---|
| 木材加工业 | 0. 45 | 0. 33 | 0. 22 | 0. 82 |
| 家具制造业 | 0. 25 | 0. 42 | 0. 33 | 0. 32 |
| 造纸及纸制品业 | 0. 52 | 0. 43 | 0. 05 | 1. 08 |

根据表 5-8，2001～2006 年木材加工业国有及规模以上非国有工业企业的资源基础判定系数为 0. 82，相应地，家具制造业为 0. 32，造纸及纸制品业为 1. 08。由于国有及规模以上非国有工业企业的创出性资源优势要远高于行业的平均水平，因而国有及规模以上非国有工业企业的资源基础判定系数也就远大于行业的平均水平。所以，根据表 5-8 的实证结果，可以断定，中国木材产业三大行业平均的资源基础判定系数均低于 1。这说明中国木材产业始终以原始性资源为主要推动力，仍处于原始性资源主导的发展阶段。

根据全要素生产率的实证结果，可以证明中国木材产业在技术进步 $g_R$ 、管理水平 $g_H$ 和规模经济 $g_B$ 等方面发展失衡，严重制约了全要素生产率 $g_A$ 的提高，反映出木材产业创出性资源投入与配制的方式不合理，无法发挥创出性资源的协同效应，因而创出性资源在产业发展中的作用受到较大限制。

综上所述，中国木材产业仍处于原始性资源主导的发展阶段。为了提升中国木材产业的国际竞争力，必须转换资源基础，扩大创出性资源的投入，优化创出性资源组合的方式，提高创出性资源对产业发展的贡献，促进木材产业进入创出性资源主导的发展阶段。

**（二）资源基础转换的思想**

1. 资源基础转换的意义

Porter M 认为产业成长分为四个阶段，依次为：要素驱动阶段、投资驱动阶段、创新驱动阶段和财富驱动阶段。产业竞争力从要素驱动阶段开始提高，到创新驱动阶段达到顶峰，进入财富驱动阶段后衰落。在要素驱动阶段，原始性资源优势构成了产业竞争力的主体。在这一阶段，虽然产业在短期内可以迅速发展，但处于粗放型增长阶段，缺乏产业竞争力持续提高的基础。在创新驱动阶段，以技术为核心的创出性资源的运用成为形成产业竞争力的关键，产业进入集约化增长阶段，产业的竞争力得到最大程度的释放。

任何产业要想建立持久的竞争优势，就必须缩短甚至越过要素驱动阶段，积极向创新驱动阶段跃迁。产业成长阶段的跃迁实质上就是产业资源基础的转换，即由以原始性资源为主体驱动要素转向以创出性资源为主体驱动要素。对于尚处于原始性资源驱动阶段的中国木材产业来讲，只有摆脱对木材资源、劳动力、物质资本等原始性资源的过度依赖，把产业发展的驱动要素建立在技术进步、智力资本与金融资本等创出性资源的基础上，才能进入产业成长的高级阶段，形成可持续性的产业竞争力。

2. 资源基础转换的目标

中国木材产业构建竞争优势的关键在于资源基础转换。资源基础转换不是用一种资源替代另一种资源。恰恰相反，每一种资源对于产业的发展都是必不可少的。但是，资源是产业驱动力的载体，不同性质的资源对于产业的驱动力具有显著差异。原始性资源对产业的驱动力是有限的，不能作为构建竞争优势的资源基础。而创出性资源可以为产业提供持久竞争力，能够作为产业长期、快速发展的主导因素。可以说，资源基础的转换是资源组合方式的转换，以何种资源为基础构建资源组合就意味着产业以何种方式进行驱动。实质上，资源基础转换是产业发展驱动力的转换，即从短期的、有限的驱动力转变为长期的、无限的驱动力。

实现资源基础转换是转变产业发展方式，构建产业持久竞争力的根本途径。因此，必须提高创出性资源在产业发展中的贡献，以原始性资源为基础转变为以创出性资源为基础。中国木材产业资源基础转换要达到的目标是：第一，发挥创出性资源在产业发展中的主导作用，即增加创出性资源在产业发展贡献中的比重；第二，优化创出性资源的组合方式，提高产品的附加价值，即用较少的资源投入获取更高的经济效益；第三，强化原始性资源与创出性资源之间的关联度，提高原始性资源的利用效率，即投入较少的原始性资源获得更多的产出。

3. 资源基础转换的内涵

木材资源、劳动力和物质资本是中国木材产业得以存在的物质基础，是构成产业比较优势的核心。技术资源是竞争优势的基础，智力资本是技术资源的载体，技术资源和智力资本共同构成了创出性资源的核心要素。中国木材产业要构建持久竞争力，就必须由比较优势向竞争优势转变，而产业优势的转变必然以资源基础的转换为前提。因此，原始性资源必然向创出性资源进行转换，而技术资源和智力资本必然成为资源重组的核心。

资源投入的背后是资金的投入。从资本运营的角度来看，资源基础转换是一种资金流的转向，即资金从原始性资源流向创出性资源。所以，融资能力在资源基础转换中发挥着至关重要的作用。虽然融资能力不是资源重组的对象，但是融资能力可以为资源基础转换提供强大的资金支持，保证资源基础转换的顺利进行。反之，资源基础转换是一个复杂的资本运营过程，要求企业具备较高的融资能力，因而在资源基础转换过程中融资能力不断得到强化。从生产要素理论出发，规模化经营为资源基础转换提供规模经济效益，是创出性资源边际收益的放大器，可以强化边际收益递增规律。从战略管理理论出发，规模化经营不是规模的简单扩张，而是资源优化组合的表现形式。规模化经营要求创出性资源发挥主导作用，从而推动了资源基础转换的进程。

基于对资源基础地位的分析，提出中国木材产业资源基础转换的方式，即：由木材资源密集型、劳动密集型向技术密集型转换，同时由劳动力、物质资本向智力资本转换，规模化经营、融资能力作为重要的推动因素，分别为资源基础转换提供规模经济和金融资本支持，并且随之不断增强，在资源基础转换的过程中，技术进步与智力资本相互促进，基础转最终实现以创出性资源为主导的产业发展方式（图 5-5）。资源换的本质是比较优势向竞争优势的转变。在资源基础转换的过程中，产业竞争力不断增强，产业增长方式由粗放型向集约型转变，产业实现优化升级。

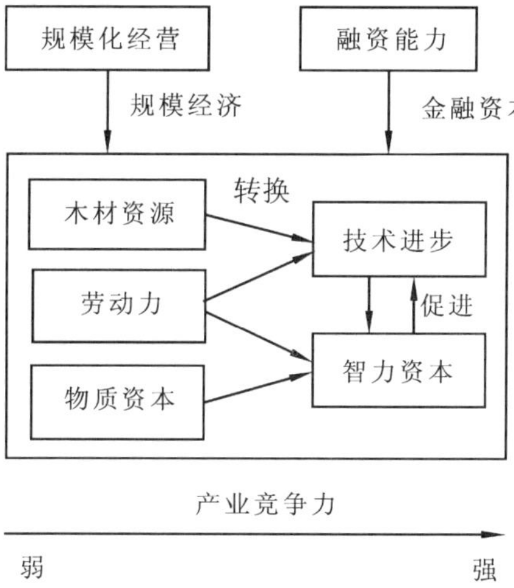


**图 5-5　中国木材产业资源基础转换的理论模型**

Fig. 5-5　Theoretical model of resource base conversion of Chinese timber industry

# 第六章
# 资源基础转换的路径

由于中国木材产业处于以原始性资源为主导的产业发展阶段，为形成以创出性资源为基础的产业竞争优势，作者提出了资源基础转换思想，即由原始性资源为主导向创出性资源为主导转变。根据资源基础转换思想的内涵，针对原始性资源与创出性资源的对应关系，本章提出了资源基础转换的六条路径，并对每一条路径实施的原因和方式展开了具体分析。

## 一、由劳动密集型向技术密集型转换

### （一）转换的客观趋势

劳动力成本优势是中国木材产业比较优势的基石，但劳动力成本优势必将随着劳动力成本的上升而逐步消失，因此不能够为产业发展提供持久的竞争力。技术进步是创出性资源的核心，是产业构建竞争优势的基础，因此能够为产业发展提供持久的竞争力。根据 Porter M 的竞争优势理论，伴随着产业竞争力的提高，一国产业参与国际竞争的过程是驱动力转换的过程，即由要素驱动阶段向创新驱动阶段的转变。虽然中国木材产业十几年来保持快速发展，但是仍处于要素驱动阶段，产业竞争力主要得益于丰富的劳动力资源。由于劳动力成本低廉，企业参与国际竞争的方式主要是价格竞争。木材产业的技术层次低，主要生产低附加值、低技术含量的产品。虽然企业可以凭借劳动力成本优势获得收益，但是缺乏生产力持续增长的基础。创新驱动阶段是产业成熟的标志，也是产业建立竞争优势的阶段。在这一阶段，劳动力已经不是产业竞争力的主要来源，技术成为推动产业发展的主导力量。企业能在广泛领域成功地进行竞争，并实现不断的技术升级。企业不仅能够运用和改进从国外引进的技术，而且能够创造新技术。可见，实现由劳动密集型向技术密集型的转变是中国木材产业发展的必然选择，也是中国木材产业发展的长期趋势。

**（二）产业技术进步的路径**

中国木材产业必须通过技术进步，由生产低层次、低附加值的连续，跃迁到高层次、高附加值的连续。为此，木材产业必须加大技术投入，促进技术进步，提高产品的技术含量。技术进步主要通过三种方式：技术引进、技术创新和技术扩散。技术进步的三种方式之间并非相互替代的，而是存在着互补关系，尤其在开放经济下，三种方式在木材产业加快实现技术进步的进程中都发挥着重要的作用。技术引进可以节约研发成本，迅速提高企业技术水平；技术创新不仅能为企业带来高额的垄断利润，而且有助于企业形成多方面的竞争优势；技术扩散促进了新技术的普及和新产品的推广，其产生的巨大经济效益会刺激更多的厂商加入到新产品的生产中来，从而引致企业家的投资热情高涨，进而带动众多相关企业的发展，推动了整个产业迅速发展（宋京，2004）。由此可见，技术进步并非企业，或者产业组织，或者政府单方面努力可以达到的目标，而是涉及产业发展所有相关者共同努力的结果。无论任何一方相关者，都需要注重以下关系：

1. 坚持技术引进与技术创新相结合

对于技术进步而言，技术引进与技术创新是相辅相成，相互依赖的。表现在：一方面，技术引进的最终目的是自主研发。根据国际技术转移的规律，技术先进国向技术落后国转让的技术一般是成熟技术，这些技术即将或者已经进入淘汰期，技术先进国出于技术垄断的需要，通常不会轻易转让尖端技术。因此，技术引进对中国木材产业技术进步的作用有限。技术引进只能缩短中国木材产业与发达国家在技术水平上的差距，自主研发才是中国木材产业获取技术优势的源泉。基于技术领先战略的视角，中国木材产业技术引进的根本目的是诱发更高层次上的自主研发能力。另一方面，自主研发的基础是技术引进。在开放条件下，技术能力是一个跨越国界的全球性的系统，技术创新能力的一个重要组成部分是技术集成能力，即一个企业能够有效整合内部外部技术资源的能力。经过多年竞争和积累，国内企业集成国内外技术资源的能力在提高，这是组合技术资源进行技术创新和开发新产品的重要基础（权超，2006）。

2. 促进产业内的技术扩散

技术扩散可以定义为技术通过一定渠道在潜在使用者之间的传播采用过程。技术扩散的过程，既包括技术主体有意识的技术转移和技术转让，也包括技术主体无意识的技术溢出。技术扩散是技术创新取得社会效益的源泉，是技术创新外部性的表现。因为产业技术进步主要来自于技术扩散，所以对于木材产业而言，技术扩散比技术创新更加重要。新技术的出现会在产业内形成巨大的社会效应，那些还没有采用新技术的企业会纷纷模仿，以期获得超额利润，从而整个产业的经济技术水平得到提高（邝国良等，2006）。在开放经济下，中国木材产业不但可以获得来自国内的技术创新扩散，还可通过国际经济活动从其他国家获得技术扩散的积极效应，这对于提高木材产业的技术水平有很强的推动作用（宋京，2004）。

## 二、由人力资源向智力资本转换

人力资源是指一定范围内人口总体所具有的劳动能力的总和（邓红，2007）。人力资源表现为一般意义上的体力劳动。相对而言，智力资本表现为高层次的脑力劳动。由人力资源向智力资本转换的过程，实际上就是对人力资源进行投资，使其能够进行高层次的脑力劳动的过程，即人力资源的资本化。

### （一）人力资源资本化的必要性

人力资源与智力资本是人力转化程序链中两个互为衔接的转化体，它们在转化中表现出双重性。人力资源为智力资本提供了特殊的载体，是智力资本形成的物质基础。智力资本则通过投资和运营，释放人力资源的内涵价值，促进人力资源的调整和功能的提升。在中国木材产业人力资源资本化的考察中，需要特别注意相关企业的性质。如：中国木材产业的相当一部分企业是中小型乡镇企业，而乡镇企业从业人员绝大部分来自农村，劳动力素质相对较低，相应地，这类企业的智力资本的存量也不高。基于此，这里用乡镇企业从业人数所占比重来间接衡量中国木材产业人力资源资本化的水平，从而判断中国木材企业人力资源资本化的程度。分析的公式如下：

$$乡镇企业从业人数所占比重 = \frac{乡镇企业平均从业人数}{产业总体从业人数} \quad (6\text{-}1)$$

根据表6-1，2003～2005年中国木材加工业中乡镇企业从业人数所占比重约为80.00%，家具制造业中乡镇企业从业人数所占比重从2003年的70.64%降至2005年的62.72%，同期造纸及纸制品业中乡镇企业从业人数所占比重约为60.00%。可见，中国木材产业中乡镇企业从业人数占主体。乡镇企业劳动力大部分来自农村，而农村劳动力在受教育水平、职业技能等方面均相对落后，由此可知，中国木材产业拥有丰富而廉价的人力资源，但是缺少与之相称的智力资本，这限制了木材产业的优化升级，因而实现由人力资源向智力资本的转变是中国木材产业形成可持续竞争力的关键因素之一。

**表6-1 中国木材产业乡镇企业从业人数所占比重 单位：%**

Tab. 6-1 Proportion of employee number of township enterprises of Chinese timber industry Unit：%

| 年份 | 木材加工及竹藤棕草制品业 | 家具制造业 | 造纸及纸制品业 |
|---|---|---|---|
| 2003 | 83.33 | 70.64 | 60.24 |
| 2004 | 78.09 | 68.71 | 57.86 |
| 2005 | 83.39 | 62.72 | 60.30 |

注a：数据来源于历年中国乡镇企业年鉴和中国统计年鉴，经整理得到。

### （二）人力资源资本化的路径

人力资源资本化的根本途径是智力资本开发与管理。智力资本开发与管理是指培养人力资源的素质与技能，充分发挥人力资源的潜力，最大程度地实现个人价值。智力资本开发与管理是一个多方位、综合性、多层次的系统工程，而且还将随着时代的发展和科技进步而不断变化。

就中国木材产业发展的现状来看，智力资本开发与管理的途径可概括如下：

1. 提高劳动者的受教育水平

开发智力资本最有效的途径无疑是发展教育，因为教育对于劳动者素质的影响最为直接。只有提高教育水平，才能迅速提高劳动力队伍的整体素质，进而促进产业的持续快速增长。联合国教科文组织的研究结果表明，劳动生产率与劳动者文化程度呈现出高度的正相关关系。与文盲的劳动生产率相比，小学毕业生可提高43%，初中毕业生可提高108%，大学毕业生可提高300%（郭绍芳，2005）。随着产业的发展壮大，产业发展的后劲将越来越取决于智力资本的开发，进而取决于教育水平的提高。然而，中国用于文化教育的费用仍然很低，2004年中国固定资产投资占GDP的比重高达51.3%，而教育的投入只占GDP的3.0%，九年义务教育并未得到完全的普及，劳动者受教育的平均年限只有8年，大学毕业生只占人口比例的5.0%（杜鹃，2006）。因此，中国木材产业的智力资本开发，关键在于抓好基础教育，提高劳动者素质，使之成为人力资源资本化的重要条件。

2. 提高劳动者的劳动技能

基础教育是智力资本开发的基础，为产业发展培育大量的后备劳动力。但是，理论知识只是对专业人才的一个基本要求，产业发展真正需要的是理论知识与劳动技能相结合的复合型人才。职业技能教育是提高劳动者技能的重要途径。职业技能教育从其本身特点看，是由实践上升为理论再指导实践的知识螺旋积累过程，是发挥人的潜能的有效途径。职业技能教育是教育与产业重要的结合部，与生产的联系最为紧密，直接为产业发展服务。因此，发展职业技能教育就成为智力资本开发的一项重要任务。世界各国，无论是发达国家还是发展中国家，都很重视职业技能教育。相比之下，中国与发达国家在职业技能教育方面的差距较大。德国的职业技能教育普及率在85%以上，而中国仅为16%左右（郭绍芳，2005）。中国每年未经任何培训就进入生产岗位的劳动者，仅城镇就达100万人以上（李晓平，2002）。目前，中国木材产业正处在产业结构优化升级的关键时期，技术水平的提升是其中最为重要的核心问题，因而木材产业需要吸纳大量具有较高等级的技术工人。然而，中国木材产业技术工人的现状还无法适应这一发展趋势。由于统计资料的限制，这里以中国技术工人的总体结构来间接反映木材产业技术工人的发展状况。在发达国家，初、中、高级技术工人的平均比例为1∶6∶3，而中国这一比例近似为6∶3∶1（郭绍芳，2005）。可见，中国技术工人仍然以初级技术工人为主体，与发达国家相比仍存在一定差距。综上所述，中国木材产业技术工人的数量和质量都不能满足现代化大生产的需要，必须大力加强工人的职业技术培训，尤其是要开展大规模的中级技工培训和高级技工培训，全面提高劳动者的技能水平，尽快改变无劳动技能的劳动者充斥生产过程的不正常现象。

3. 建立科学的激励约束机制

智力资本管理是人力资源资本化的重要途径，激励约束是智力资本管理的主要方式。为了提高智力资本的配置效率，木材产业应该建立一套有效的激励约束机制。激励机制就是要激励员工的工作积极性，使企业员工的个人目标统一到企业的组织目标，实现个人与组织的“共赢”。企业的激励包含物质激励和精神激励，两者需要有效的结合。对收入水平比较高的企业而言，一般适合采用精神激励；而对于收入水平比较低的企业而言，则适合多用物质激励。约束机制就是要对员工的个人利益和短期利益进行有效的控制，以保证员工的行为符合企业的根本利益。“股票期权”计划是实现激励与约束相统一的有效办法或工具。通过对企业管理者大规模的股票期权奖励，可以起到激励效应。同时，通过设计股票期权的行权过程，可以克服企业管理者的短期化倾向，保证企业的长远发展（苏文坤，2007）。

## 三、由物质资本向智力资本转换

### （一）资本投入转换的必要性

物质资本是指以物质产品形式存在的资本，包括厂房、机器、设备、原材料等。智力资本是指体现在人本身的资本，是对劳动者进行教育、培训、医疗保健后，凝结在劳动者身上的各种知识、技能和健康素质的存量总和（曾晓，2006）。虽然物质资本和智力资本都是产业发展不可缺少的重要资源，但是相比之下，智力资本的优越性更加明显。表现在：

（1）边际收益变化规律不同。物质资本受到边际收益递减规律的约束，对产业发展的贡献是有限的。智力资本是技术资源和管理经验的载体，具有边际收益递增效应，并且智力资本与物质资本的融合可以有效延缓物质资本边际收益递减的趋势，表现在：智力资本的提高增加了劳动的复杂程度，使劳动者更加有效地运用各种复杂的机器设备，从而改善物质资本的使用效率，同时又可推动资本节约型产业的发展（汪荣伟，1999）。

（2）外部性不同。物质资本具有排他性，物质资本的投入只对本企业具有积极作用，而不会在产业内产生正的外部性。与之相反，智力资本的使用具有共享性，智力资本的培育不仅会促进本企业的发展，而且随着智力资本的流动，智力资本的优势将在产业内部不断传递，对整个产业的发展具有正的外部性。

可见，智力资本在边际收益、外部性等方面优于物质资本，成为产业形成可持续竞争力的主导性资源之一。中国木材产业过度注重物质资本的投入，而轻视智力资本的投入，导致资本投入比例严重失衡，阻碍了产业竞争力的形成，表现在：劳动者素质不高，造成产品质量的普遍低下，劣质产品的积压使企业处于微利或亏损状态；技术人才匮乏，严重制约了国外技术含量较高的生产线的引进，往往造成劳动密集型生产线的重复引进，在很大程度上制约了产业结构的优化升级；引进的技术设备因缺乏科学的管理和维护，生产效能大打折扣。这些问题表明，如果智力资本投资得不到一个较大的提高，即使有先进的设备和技术、充足的资金，也只能在低水平上扩张，难以获得较大的发展。现代管理理论强调以人为本，注重对人才的培养，已将投资的重点从物质资本投资转向智力资本投资，重视智力资本的发展和运用。因此，中国木材产业必须注重智力资本的培育，加大对智力资本的投资，实现产业发展由物质资本推动向智力资本推动的转变。

### （二）资本投入转换的路径

1. 推进智力资本投资，加快智力资本存量的积累

考察中国木材产业的发展实际，与物质资本相比，智力资本投入严重不足，导致资源配置效率低下，束缚了产业竞争力的提高。因此，提高智力资本存量是中国木材产业建立竞争优势的前提和基础。首先，必须通过教育和训练提高劳动者素质。劳动者素质作为一般性的智力资本，是智力资本存量的主要部分。提高劳动者素质，可以促使劳动者熟练掌握生产技能，更好的适应现代化大生产的要求，从而带动劳动生产率的提升。其次，优化人才构成。人才作为高层次的智力资本，是知识的载体，代表着技术和管理的发展方向。一方面，木材产业必须扩充人才规模，以满足不同层次企业对人才的需求。另一方面，注重提高人才结构的质量，尤其是要注重吸纳掌握核心技术的科技人才，以引领产业升级的方向。

2. 完善资本产权制度，实现智力资本产权的有效激励

所谓产权激励，就是在合理进行产权分割和权益界定的基础上，通过产权利益对各产权主体实施激发和鼓励，其目标就在于通过产权利益驱动，使各产权主体能充分发挥实现团队目标的能动思维，并行使能动行为（盛爱云，2008）。产权激励是企业智力资本激励的诸多形式中最根本、最有效的一种。智力资本产权激励不仅是一种基于产权利益驱动的内在化激励，而且产权的持久性特征决定了产权主体将会更多地考虑追求长远利益，从而实现激励的长期性。因此，产权激励可以激发智力资本载体的工作意愿，有效提高智力资本的配置效率。

## 四、由一元融资向多元融资转换

根据资金来源的不同，企业的融资分为内源性融资和外源性融资。内源融资是企业依靠其内部积累进行的融资，资金来自于企业的权益资本和积累的留存收益及折旧等；外源融资是企业吸收其他经济主体的闲置资金，使之转化为新增投资，资金来自于银行贷款融资和证券融资等

（刘晓菲，2008）。

### （一）外源融资的重要性

外源融资提供的是金融资本，外源融资比重反映了金融对产业发展的支持力度。金融可以促进资本流动，加快资本积累，提高资本效率，为规模经济的实现创造条件（曾振志，2001）。发展外源性融资对于产业发展的积极作用，理论界已经进行了相当广泛的探讨。McKinnon R I的研究结果表明：如果企业家的投资受内源融资的限制，那么其最优策略是投资于传统技术，从而降低总体收益水平，进而制约企业本身的发展和产业的增长；相反，如果能够从金融体系中得到外源融资，那么新技术就可能被采纳，从而获得较高的收益（McKinnon R I，1973）。Rajan R G和Zingales L（1998）的实证研究也表明，在金融发达国家，外部融资依赖程度较高的行业，其发展速度超乎寻常地快。金融在促使产业发展的过程中是与其他因素结合在一起共同起作用的，因而金融是资源基础转化重要的外部因素。首先，金融促进技术进步。技术进步是建立产业竞争优势的主要动力。技术进步的源头是技术引进和自主创新，而技术进步的关键在于技术成果的大面积推广和普及。金融不但在技术进步的源头上提供资金支持，而且更重要的是金融的支持使技术成果迅速转化和普及，并现实地转化为生产力。其次，金融促进规模经济。规模经济是促进资源基础转换的重要因素。规模经济需要在有效的市场中去实现。这不仅需要有效的商品市场和劳动力市场，还需要发达完善的金融市场。金融市场的发展便利了资本集中、转移和重组，也改变了产业的融资比重，规模经济就是在产业融资比重的变化中实现的。

### （二）外源融资多元化的路径

中国木材产业还处于以中小企业为主体的成长阶段，中小企业在融资方面存在的先天缺陷决定了中国木材产业融资能力的不足，主要表现在：外源融资方式单一，集中在银行贷款中的短期负债。这反映出中国木材产业外源融资渠道狭窄，企业为了满足资金需求，不得不选择融资风险较大的短期负债，这不利于产业竞争优势的构建。因此，实现外源融资多元化是中国木材产业资源基础转换的必然选择。

1. 拓展权益融资渠道

权益融资是外源融资的重要组成部分。与负债融资相比，权益融资的融资成本较低，因而可以降低企业负债率，减少利息支出。权益融资可以运用资本市场的风险分散机制，防止资金和风险过度集中在银行体系，使得产业资本运营更加富有弹性和效率，而且对促进资本形成和企业成长具有积极的推动作用。对于中国木材产业而言，优质大型企业和高成长性的中小企业应该积极在境内外市场发行上市，促进上市公司利用配股、增发以及公司债券等各种投资产品提高融资效率，不断扩大企业权益融资的规模和比例，为资源基础的转换提供强大的资金支持（王亮，2007）。

2. 优化负债融资结构

负债融资是外源融资的重要方面。与权益融资相比，负债融资可以让企业在不稀释控制权的条件下，掌握和支配更多的资本（罗瑶琦，2004）。中国木材产业负债融资结构不合理，流动负债的比重过大，面临巨大的融资风险。流动负债还贷期限较短，还贷压力大，一旦到期不能偿付，企业将面临破产的危险。同时，企业为降低流动负债的风险，必须保留多于流动负债几倍的流动资金。这就限制了企业资金的长期投放，失去了获利机会（韩美玲等，2002）。因此，中国木材产业必须降低流动负债的比重，优化负债融资结构。一方面，可以提高长期负债的比重。长期负债的还贷时限较长，企业可能用它来进行深层次的开发，与流动负债相比，企业面临的融资风险较小。另一方面，将流动负债转为权益融资。

## 五、由天然林材种为主向人工林材种为主转换

在原始性资源向创出性资源转换的过程中，原始性资源自身的改造也是资源转换的重要内容，其中，在木材资源的供应方面，国内木材资源的培育和供应将逐渐成为产业物质资源的主体，而国内木材资源的供应，同时还要完成由天然林材种向人工林材种的转换。根据生长周期的不同，木材资源分为优质材和速生材。优质材主要来自于生长周期长的

天然林树种，比如红松、樟子松、水曲柳、黄花梨等，由于生长周期长，不具备人工培育的经济价值。速生材主要来自于生长周期短的人工林树种，包括杉木、杨木、泡桐、桉树等，具有生长速度快、产量高、采伐周期短等特点，易于人工培育。虽然优质材的材质要优于速生材，但是如果借助于技术因素，速生材的材质弱点就有可能得到克服，而其资源供应速度的优势则会得到发挥。

**（一）转换材种结构的客观要求**

中国木材产业的发展是建立在大量消耗木材资源的基础上的，由于国内木材资源短缺，中国木材供给严重依赖进口。中国进口的木材主要是来自东南亚和非洲的热带阔叶材和俄罗斯的寒带针叶材，这些木材大部分是优质材。受国内外各种因素的制约，优质材的供给能力较为有限，表现在：

（1）生态环境的约束性。优质材主要来自于天然林。天然林不仅可以提供木材资源，还是地球陆地具有多种生态效益和多种服务功能的生命维持系统。根据专家的测算，天然林的生态环境价值远大于其实物形态的经济价值（张银龙等，1999）。虽然速生林也具备一定的生态环境功能，但由于其种类单一，结构简单，群落的稳定性差，易受病虫害的袭击，并易引起地力衰退，因此速生林的生态环境功能远不及天然林（张银龙等，1999）。可见，天然林的生态环境价值具有不可替代性。由于毁林开荒和乱砍滥伐，世界天然林资源不断减少。鉴于此，世界各国纷纷采取措施，保护本国的天然林资源，中国也于1998年实施了天保工程。因此，优质材受到生态环境的约束，供给能力有限。

（2）贸易政策的约束性。随着生态环保意识的增强以及出于促进本国木材产业的考虑，木材出口国纷纷采取调整政策，限制木材出口。如印度尼西亚已禁止一切形式的原木出口，马来西亚开始对原木出口采取限制性的措施，俄罗斯也开始不断上调原木出口关税。从2006年1月1日开始，俄罗斯原木的出口关税提高到6.5%，不低于4欧元/$m^3$；到2007年7月1日提高到20%，不低于10欧元/$m^3$；2008年4月1日起提高到25%，不低于15欧元/$m^3$；计划于2010年，将原木的出口关税提高到 80%，不低于 50 欧元/m³。俄罗斯是中国第一大原木进口来源国，2007 年中国从俄罗斯进口原木 2500 万 m³，占中国原木进口总额的 70%。俄罗斯原木出口关税的成倍上升，大幅增加了俄罗斯原木的进口成本，势必对中国木材产业的发展造成冲击。

可见，优质材供给环境不容乐观。优质材的过度依赖，会加剧木材资源供给短缺的困境，束缚产业的可持续发展。在这种背景下，使用速生材替代优质材，实现木材资源的转换，是中国木材产业木材资源供给的根本保证。

**（二）转换材种结构的方式**

随着世界优质材供给的减少，速生材将成为今后缓解国内外木材市场供需矛盾的主要材种。但是，速生材的材质较差，木材密度及表面硬度低，限制了其应用范围。木材改性技术是改善速生材理化性能的有效途径，经过处理后的木材密度、表面硬度、耐磨性和尺寸稳定性都大幅度提高，可广泛应用于地板、建筑装饰材料及家具行业。科技木和炭化木就是木材改性技术中两个典型的例子。

（1）科技木是以速生材为原料，采用仿生学原理和高科技加工手段，对其进行改性物化处理后，生产出的一种仿天然珍贵树种木材的新型木质装饰材料（庄启程等，2004）。与传统木材和木制品相比，科技木产品具有不可替代的优势，表现在：色彩丰富，纹理多样；性能卓越，性价比高；规格统一，利用率高；加工便利，节省时间。科技木保持了木材的优良特性，使速生材高档化，实现木材的增值利用，市场潜力巨大。

（2）炭化木就是将木材放在高温的环境中进行一段时间的热解处理，属于热改性木材。炭化处理可以改进木材的尺寸稳定性，提高木材的耐腐蚀性和耐久性（段新芳，2008）。因此，炭化技术可以改善速生材易变性、不耐久等缺点，从而拓宽速生材的应用领域，使其更好地用于家具、地板、室内外装饰等方面。木材改性技术的发展可以改进速生材的使用性能，扩大速生材的应用范围，加快速生材对优质材的替代。木材改性技术通过转换木材加工对象，优化木材资源利用结构，提高木材资源供给的稳定性和持续性，对中国木材产业的可持续发展具有重要意义。

根据森林分类经营的原则，中国把森林划分为生态公益林和商品林，按照各自的特点实行分类经营。木材改性技术的发展实质上是森林分类经营思想在木材产业中的延伸和扩展。木材改性技术可以充分利用从商品林中采伐的速生材，加速替代从生态公益林中采伐的优质材，从而形成顺应森林分类经营的木材资源利用结构。

木材资源供给安全是产业形成可持续竞争力的重要前提，因此，木材产业应该大力发展木材改性技术，优化木材利用结构，减轻木材供给对优质材的依赖。可见，由优质材向速生材转变是基于技术进步的基础之上的，属于资源基础转换理论模型中木材资源密集型向技术密集型的转变。

## 六、由规模不经济向规模经济转换

### （一）产业规模化经营的必要性

考察中国的木材产业，由于其本身与森林资源的密切关系，决定了它在国民经济与社会发展中的独特战略位置。木材产业的战略性，要求其必须进行资源基础转换，以形成自身可持续的产业竞争力。规模化经营是推动产业资源基础转换的有效途径。随着国内外经济形势的变化，中国木材产业在经历了总量上的高速增长后，正在逐步进入一个转折阶段，即产业规模的优化。这就意味着中国木材产业必须打破“小、散、乱”的产业布局，通过兼并重组和产业集聚实现从分散经营向规模化经营的转变。规模化经营不仅表现为在产量、资产、人员等方面量的积累，还需要在科技创新、智力资本、融资能力等方面发生质的飞跃。因此，规模化经营是产业综合竞争力的重要体现。

保证木材产业实现规模化经营的途径是多样化的，可以通过自由竞争实现资本的积累与积聚，也可以借助外部力量进行资本整合。规模经济理论更加重视通过外部力量整合资本，这种整合所获取的利益具有战略性。在产业成长过程中，以政府支持和扶助为主的外部力量，借助政策作用，一方面可以通过包括关税等贸易壁垒的方式，帮助产业或者企业减轻外来竞争的压力；另一方面也可以通过市场集中化和价格影响帮助产业或企业加速自由资本的积累和积聚，迅速实现产业的规模化经营。同时，产业规模化的形成也是产业中各企业之间不断强化的外部经济效应的结果。

**（二）实现规模化经营的方式**

产业规模化经营能够带来规模经济效益，而规模经济又可以分为两个层次：一是内部规模经济，即通过企业生产规模的扩大，采用先进技术和设备，降低能源和原材料的消耗，节约劳动力成本，从而引起的产品成本下降和收益的增加；二是外部规模经济，即通过关联企业的分工协作，实现企业间的优势互补和资源共享，从而实现规模经济效应（张小兰等，2004）。对于木材产业来说，首先，企业内部规模化是实现木材产业内部规模经济的主要方式。内部规模化可以大大提高技术进步对企业发展的带动作用。一方面，内部规模化可以为企业技术创新提供人力、物力和财力等方面的保证。随着企业规模的优化，企业的资本运营能力、人才储备能力和技术装备水平都得到增强。这无疑改善了企业技术创新的外部条件，为企业在更深层次上、更广范围内进行技术创新打下了基础，有利于企业技术创新能力的提高。另一方面，内部规模化可以扩大技术创新对企业发展的作用。企业内部规模化意味着内部规模经济的实现，而内部规模经济代表着规模效益的递增。技术创新所带来的经济效益，在规模效益递增的作用下，会得到不同程度的强化，从而提高技术创新对企业发展的贡献。其次，产业集聚是实现木材产业外部规模经济的主要途径。产业集聚加速了木材产业集群内部的技术溢出，表现在：由于产业集群拥有快捷通畅的传播渠道，产业集聚可以降低集群内部的交易成本和学习成本，使企业在投入较少资源的情况下获取必要的技术溢出（张聪群，2005）。与集群外部企业相比，集群内部企业更容易消化、吸收其他企业的技术，使外部技术和自身技术较好地结合，实现外部技术的内部化，提高了企业的技术积累水平和技术创新水平，进而提高产业集群的整体竞争力。产业集群技术溢出的加快，有利于先进技术在木材产业内的扩散，进而提高产业整体的技术水平。

# 第七章
# 资源基础转换的制约因素

资源基础转换实质上就是产业发展方式的跃迁，为实现这一过程，必须克服各种制约因素。本章针对资源基础转换的实施路径，结合木材产业的实际情况，具体分析资源基础转换过程中存在的各种制约因素，从而为支持性政策体系的设计提供依据。

## 一、技术进步的制约因素

### （一）宏观制约因素

1. 科研体制落后

技术创新与产业发展相脱节的科研体制，阻碍了中国木材产业的技术进步。在发达国家，企业，尤其是大型企业，是技术创新的主体，80%的科研工作是由大型企业完成的。相比之下，中国的技术创新体系是以科研院所为核心，企业基本处于从属地位。中国木材产业中，从事科技活动的企业较少，拥有研发机构的企业更少。根据2006年中国科技统计年鉴的统计数据，2005年中国木材产业大中型工业企业中有科技机构的仅占16.21%，有科技活动的仅占29.05%。相比之下，2005年全国制造业大中型工业企业中有科技机构的23.72%，有科技活动的占38.72%。可见，中国木材产业中企业研发力量薄弱，不仅与发达国家有较大差距，也低于全国工业的平均水平，说明企业在中国木材产业的技术创新体系中的作用较小。

以科研院所为核心的科技创新体系存在固有的缺陷，加之产、学、研的合作机制不健全，导致科技进步与产业发展相互脱节。具体表现在：科研力量游离于经济主体之外，科技开发不能与市场需求紧密结合，尚未形成研究、开发与产业化的一体化科技管理机制，造成技术成果转化率低，浪费了大量的科技资源。中国的技术成果转化率仅为20%，真正实现产业化的不足5%，而发达国家的科技成果转化率高达50%（田东良等，2008）。由于科研体制不完善，企业并未成为技术进步的主体，这是造成中国木材产业技术落后的重要原因。

2. 风险投资机制不健全

风险资本是连接资本市场和高新技术的一座桥梁，能够满足技术创新和成果转化的融资需求，是技术创新和高新技术产业化的主要“孵化器”。技术创新需要大量的资金投入，资金支持是技术创新的必要因素。并且技术创新具有很多不确定性，企业承担的风险较大。正是由于技术创新具有高投入与高风险的特点，一般的金融机构和单个投资者不愿介入，而风险投资以其特殊而灵活的融资方式，在高收益的驱动下，为技术创新提供金融资本（初叶萍，2006）。中国风险投资机制远未形成，致使风险资金量不足，技术和风险资金结合困难，难以推动木材产业技术水平的快速提升。其主要表现为：一是风险资本总量较少，风险投资企业规模较小，不能对技术创新提供有效支持；二是风险资金筹措渠道单一，以政府出资为主，大量民间资金难以进入风险投资市场；三是与风险投资密切相关的中介服务体系尚未形成，缺乏专业化的服务机构和人才；四是国家相关法律法规建设及引导扶持政策滞后（李拓辰，2007）。中国风险投资机制发展滞后，致使木材产业技术创新缺少金融资本的支持，阻碍了木材产业的技术进步。

3. 知识产权保障制度不完善

知识产权指通过自主开发、联合开发或委托开发获得的产品企业拥有产品工业产权、产品改进及认可权以及产品技术转让权（倪燕，2006）。知识产权的数量和质量成为反映产业竞争力的重要指标。知识产权是技术创新的法律保障，是产业技术进步的基础。在国际竞争中，企业应该具有知识产权意识。没有知识产权，企业只能徘徊于国际产业链的底端，在应对国际知识产权纠纷时处于劣势，所以对知识产权的保护是企业成为自主创新主体的必备条件。自主知识产权拥有量是产业参与国际竞争的重要资本。中国知识产权保障制度不完善，社会上存在技术侵权行为（李宏等，2007）。这损害了技术成果所有者的合法权益，打击了企业技术研发的积极性，阻碍了中国木材产业的技术进步。一方面，增加了外资企业向国内转移关键技术的难度，限制了国际技术转移；另一方面，打击了内资企业技术创新的积极性，增加了技术研发的风险，阻碍了技术革新。

**（二）微观制约因素**

1. 企业技术研发投入不足

技术进步一般需要大量的资金和人力投入，这是一般中小企业无法承受的。唯有大型企业和企业集团，才能在技术进步中发挥主导作用。中国木材产业还处于以中小企业为主体的成长阶段。根据2006年中国统计年鉴，2004年中国木材加工企业10.36万家，资产总计7868.77亿元，其中大中型工业企业为891家，资产总量3221.71亿元，大中型工业企业数量所占比重为0.86%，资产总量所占比重为40.94%。中小企业受规模的限制，技术活动人员缺乏，技术资源投入不足，技术装备水平低，产品开发力度不足，大多数不具备技术开发能力。以技术活动经费投入为例，根据表2-8，2003～2005年中国木材加工业技术研究开发费用与销售额的比例为0.83%，家具制造业为0.40%，造纸及纸制品业为1.13%，而发达国家技术研究开发费用与销售额的比例平均为5%左右。日本一位著名企业家曾说过：企业的研发投资占销售额的1%，企业将难以生存，占2%勉强可维持，占5%才有竞争力（姜向阳等，2004）。可见，技术研发投入的缺乏限制了中国木材产业的技术进步。

2. 技术开发融资能力薄弱

技术研发需要资金的大量投入，仅靠企业自身积累是远远不够的，也不符合现代经济发展的特征。现代产业的技术进步必须得到金融资本的支持，产业技术进步的快慢在一定程度上取决于金融资本的支持力度。资金缺乏是中国木材产业技术进步面临的首要问题，出现这一问题的重要原因在于企业融资能力的薄弱。金融机构贷款是中国木材产业外源融资的主要方式，也是木材产业技术研发获取金融支持的主要形式。基于此，本研究构建技术研发融资比重，作为木材产业技术研发融资能力的衡量指标，公式如下：

$$技术研发融资比重 = \frac{科技活动贷款额}{科技活动经费筹集总额} \quad (7\text{-}1)$$

根据表7-1，中国木材产业各行业大中型工业企业的技术研发融资比重均较低。2000～2005年家具制造业的技术研发融资比重虽有所提高，但是最大比重仅为8.18%；同期木材加工业、造纸及纸制品业的技术研发融资比重持续下降，2005年分别降至1.41%和4.50%。由于中国木材产业的主体为数量众多的中小企业，产业整体的技术研发融资能力要远低于大中型工业企业的技术研发融资能力，这进一步说明了中国木材产业技术研发融资能力的薄弱。由于木材产业技术研发缺少金融资本的有力支持，产业技术进步的速度大大减慢，这严重制约了产业竞争力的提高。

**表7-1　2000～2005年中国木材产业大中型工业企业技术研发融资比重　单位：%**

Tab. 7-1　Financing proportion of technical research of large-middle industrial enterprises of Chinese timber industry from 2000 to 2005　Unit：%

| 年份 | 木材加工业 | 家具制造业 | 造纸及纸制品业 |
|---|---|---|---|
| 2000 | 5.31 | 0.00 | 23.38 |
| 2001 | 25.06 | 0.00 | 23.97 |
| 2002 | 26.07 | 0.00 | 10.96 |
| 2003 | 16.61 | 1.49 | 11.03 |
| 2005 | 1.41 | 8.18 | 4.50 |

注a：数据来自历年中国科技统计年鉴，经整理得到。

### 3. 技术引进与消化吸收相脱节

中国木材产业在引进技术的消化吸收方面投入严重不足。根据表7-2，2003～2005年中国木材产业消化吸收费用占技术引进费用的比重从3.27%增至10.01%。虽然中国木材产业对引进技术的消化吸收投入有所提高，但是与发达国家相比，依然处于较低水平。韩国与中国一样是通过大规模技术引进而发展起来的后起国家，但是韩国的制造技术和创新能力比中国要高出很多。这主要得益于韩国企业高度重视对引进技术的消化吸收，韩国企业的消化吸收费用是技术引进费用的5倍（冯宁宁，2007）。在消化吸收的基础上，韩国企业进行二次创新，形成具有自主知识产权的核心技术，从而大大推动了技术进步。

**表7-2　2003～2005年中国木材产业引进技术的消化吸收状况**

Tab. 7-2　Digestion and absorption of technology introduction of Chinese timber industry from 2003 to 2005

| 年份 | 技术引进费用（亿元） | 消化吸收费用（亿元） | 消化吸收费用占技术引进费用的比重（%） |
|---|---|---|---|
| 2003 | 10.19 | 0.33 | 3.27 |
| 2004 | 4.29 | 0.40 | 9.32 |
| 2005 | 7.29 | 0.73 | 10.01 |

注a：数据引自历年中国科技统计年鉴，经整理得到。

以上问题表明，中国木材产业对引进技术的消化吸收不够，尚未建立起技术引进与消化吸收相结合的良性机制。消化吸收能力的不足，导致技术引进与二次创新无法形成相互促进的关系，限制了中国木材产业技术创新的发展。同时，技术引进与消化吸收的脱节，加剧了中国木材产业对外国技术的依赖，使其陷入低层次引进的恶性循环中。最终，由于缺乏核心技术，高端利润将被跨国企业分割，中国木材产业在国际竞争中面临“边缘化”的危险。

## 二、智力资本培育的制约因素

### （一）体制约束

*1. 正规教育发展滞后*

人力资源主要是通过正规教育、职业技能教育、在职培训、医疗保健等方式转化成智力资本的。中国人力资源丰富，但其资本化的程度却远远低于世界的先进水平，正规教育发展滞后是其主要原因之一。作为智力资本培育的主要方式，正规教育发展滞后，导致中国木材产业智力资本存量不足，制约了智力资本的开发与利用。

（1）教育经费总量投入不足。根据2006年中国统计年鉴，2005年中国教育经费总量占 GDP 的比重为 4.60%，但经合组织（OECD）国家在 1998 年就达到了 5.80% 的平均水平，韩国、美国、加拿大等国家则超过了 6%，甚至达到 7%（中国教育与人力资源问题报告课题组，2003）。政府财政性教育投入同样处于较低水平。2005 年财政性教育经费占 GDP 的比重为 2.82%，比 1995 年世界平均公共教育经费占 GDP 的比重低 2.1 个百分点，也低于 1998 年巴西、马来西亚、泰国等发展中国家 4.63%、4.49%、4.27% 的水平（中国教育与人力资源问题报告课题组，2003）。

（2）人均教育投资处于较低水平。目前全世界年人均教育经费已接近 500 美元，而 2005 年中国人均教育经费不足 100 美元，只相当于世界平均水平的 1/5（刘智勇，2008）。另外，从生均经费指数来看①，2003 年经合组织（OECD）成员国小学、初中生均经费指数分别为 0.20 和 0.23，而中国仅为 0.13 和 0.16，这既明显低于美国、日本、韩国、马来西亚等国的经费水平，也远低于世界各国义务教育经费相对指数的平均水平（胡瑞文，2007）。

2. 职业技能教育薄弱

职业技能教育是提高劳动者就业技能的重要方式，是开发智力资本的重要途径。中国是世界上人力资源最丰富的国家，但是人力资源资本化的程度低，成为制约中国木材产业竞争力的重要原因。其中，职业技能教育薄弱是导致这一问题的重要因素。

（1）职业技能教育经费投入不足。多年来，经费投入不足一直是制约中国职业技能教育发展的重要因素。以高等职业教育为例，据统计，高等职业教育的成本是普通高等教育成本的 2.64 倍，即发展高等职业教育需要有更大的投入（周劲松等，2007）。2005 年普通高等教育预算内财政拨款为 1046.37 亿元，其中，高职高专学校财政预算内拨款为 110.32 亿元，仅占 10.54%。高等职业教育的在校生规模与普通本科教育大体相当，而高等职业教育生均预算内事业费仅为前者的 1/9（孙

① 生均经费指数是指各级教育生均经费支出占本国当年人均 GDP 的比例。

浩等，2006）。实际上，职业技能教育特别强调实践能力的开发，对教学设施与设备的要求比较高，需要的经费投入比较大。由于经费投入不足，职业技术学校的办学条件和办学质量受到制约，影响了职业技能教育的正常发展。

（2）职业技术学校教学质量和办学效益亟待提高。目前，中国职业技术学校与就业市场联系不够紧密；学校专业设置和布局不合理，办学模式缺乏灵活性；课程教材内容不能随着生产技术的进步而及时更新和生产技术更新；专业课教师数量不足，很多教师特别是青年教师的专业技能和实践能力不强；在校生素质不高，给学校安排教学工作、实现培养目标带来很大困难。

（3）职业资格认证制度缺失。职业资格认证制度是职业技能教育的前提和基础。职业资格证书制度有利于职业技能鉴定的标准化，推动职业技能教学改革向更深层次发展，促进职业技能教育与智力资本的有机结合。中国职业技能教育发展迅速，而职业资格认证制却尚未形成，以致职业资格证书无法与就业准入相衔接，打击了智力资本培育的积极性，阻碍了智力资本的开发，同时也使得企业选用人才缺乏有效的职业资格衡量标准，严重限制了智力资本的有效配置（刘育峰，2006）。

3. *智力资本流动不畅*

智力资本是一种能动性、资本性和增值性的创出性资源，其价值往往要通过合理的流动来实现。在微观层次上，智力资本通过岗位流动、行业流动、地域流动与国际流动，不断进行能力结构的更新与积累；在宏观层次上，通过市场机制的优化配置，可以带动智力资本的开发和利用，实现智力资本在产业结构、行业结构和职业结构等层面的有效调整，促进智力资本和其他资源的有机结合（王皓等，1998）。智力资本市场是智力资本流动的手段和途径，它通过智力资本的供求机制、竞争机制、工资机制、动态疏导机制等的相互作用，促进智力资本的合理流动，实现智力资本配置的动态平衡（关培兰等，2000）。

中国智力资本市场存在着许多压制竞争的体制性因素，主要包括：城乡分割的户籍制度、阻碍劳动力流动的人事档案制度、城市偏向的就业制度和缺乏社会统筹的社会保障制度等（胡凤霞，2006）。这些因素导致中国智力资本市场不统一，呈多重分割状态。其表现为：一是智力资本市场的区域分割严重，主要表现为城乡分割，农村地区之间的分割、城市地区之间的分割以及发达地区与欠发达地区之间的分割；二是智力资本市场的部门分割严重，主要表现为正式部门智力资本市场与非正式部门智力资本市场的分割；三是正式智力资本市场与从属智力资本市场的分割（李建民，2002）。智力资本市场的分割，不仅阻断了中国木材产业智力资本的流通渠道，而且提高了智力资本的流动成本，致使一部分智力资本处于一种高成本、低有序的流动之中，这就降低了木材产业智力资本的配置效率，加大了智力资本的投资风险。

### （二）管理约束

#### 1. 企业家素质低

企业家素质，即企业家智力资本，由经营能力、创新能力和承担风险和识别风险的能力组成（王晓蕴，2008）。其中，企业家素质主要的功能是创新，包括组织创新、市场创新、制度创新和产品创新等。企业家素质是智力资本内部组合中的重要成分，是决定企业经济效益差异的根本因素。企业家利用自己独特的智力资本，能够整合其他智力资本，从而最大程度地发挥智力资本的作用。

中国木材产业企业家，以个体户、专业户等小生产者的身份成长起来的居多。他们学历普遍不高，多数未接受过系统的高等教育和管理培训，对管理学、经济学等知识的了解不多，对管理技能的掌握也不够熟练。他们早期创业获得成功的重要原因是中国宏观经济环境的改善。但是，随着企业规模的不断扩大和市场环境的巨大变化，光凭经验管理显然已经不足以满足企业持续经营发展的要求。面对快速变化和竞争激烈的市场，企业家自身调整无法适应环境的变化。许多企业不但没有逐渐采用更为先进有效的管理方法、组织形式、激励机制等，而且没有一个完善的企业发展战略，甚至没有战略意识或者根本不懂发展战略。此外，中国木材产业大多数企业家在资本规模和融资能力方面缺乏工作经验。他们对财务管理了解不够透彻，或者在作决策的时候对财务方面考虑不足，甚至部分企业因为财务方面的原因无法继续经营下去。因此，企业规模小，产业升级慢，产业竞争力不足，与企业家素质低有着直接关系（宋宝香等，2007）。

2. 管理方式落后

中国木材产业的大多数企业是从家庭小作坊成长和分化出来的中小企业，企业组织形式多是单一业主制或合伙制，进而决定了经营管理上的家族式管理。这些企业管理起点往往较低，管理体系以“亲缘化”为特征，决策非程序化、管理非制度化和随机性的特征十分突出。管理方式的落后形成了木材产业智力资本培育的障碍。

（1）智力资本配置封闭。在激烈的市场竞争中，企业智力资本质量的高低和数量的多寡是影响企业生存和发展的决定性因素。家族式管理用人唯亲、内外有别，不利于吸收更有价值的社会智力资本。家族企业将用人范围限制在家族内部，在关键岗位上家族外的人无法涉足，智力资本只能在封闭的圈子内作运动，造成智力资本质量递减。

（2）智力资本激励约束不足。家族企业以保证家族利益为主要目标，使得其不可能建立科学合理的激励约束机制，员工一般被固定在一个工作岗位上，很难实现岗位变换，很难有机会晋升，这又使得非家族成员缺乏为企业积极工作的热情，缺乏为企业提高素质的压力和动力。再加之环境和各种关系的影响，企业也难以留住人才。因此，家族式管理使得企业无法形成内部人才代谢机制，从而严重制约了企业的进一步发展。

## 三、融资渠道多元化的制约因素

### （一）外部因素制约

1. 创业板市场缺失

根据中国自主创新战略对于金融与科技相融合的迫切需要，以及创业投资、民营经济对于资本供给与需求达到均衡的需求，中国创业板市场应该是一个完全独立、非从属的市场，拥有自己的组织管理系统、交易系统和监管系统，通过建立与主板市场的公平竞争机制，实现创业板市场与主板市场的协调发展。而事实上，中小企业板运行所遵循的法律、法规和部门规章都与主板市场相同，并且中小企业板的上市公司必须符合主板市场的发行上市条件要求，只是安排主板市场拟发行企业中流通股本规模相对较小的公司在该板块上市，实行“运行独立、监察独立、代码独立、指数独立”的相对独立代理。换言之，深圳证券交易所中小企业板并非真正意义上的创业板市场。作为中国创业板市场发展的过渡阶段，深圳证券交易所中小企业板在制度设计上妥协于现有的法律框架和制度规则，与主板市场制度结构一脉相承。

深圳证交所中小企业板无法完成激励和支持创业投资、提高资本转化效率、推进科技成果产业化进程等中国创业板市场肩负的使命，使得以创业板为核心的创业投资市场机制被政府行为所取代，民间投资因缺乏健康的市场引导而出现理念偏差，不能形成资本市场有效评价机制，这必将延缓创业板市场对金融资本投入、创造型人才培养的导向作用，从而阻碍了中国木材产业增长方式的转变，削弱了木材产业的国际竞争力。

2. 信用评级制度缺位

信用评级通常被认为是银行对信贷的内在风险的一种综合性表示，其核心是充分揭示借款人特定债务的信用风险。目前，中国商业银行的信用评级仍处在传统的财务比率评分法阶段，过度偏好规模而忽略其他综合性因素。商业银行普遍注重考察企业的固定资产、销售收入净额、净资产、总资产等规模变量，并对企业的规模因素赋予较大的权重及分值（徐晓峰，2006）。一方面，中小企业在资产规模上肯定无法与大企业相提并论，致使一些运营状况较好的中小企业，由于受到资产绝对规模的限制，信用评级结果反而小于运营状况相对不好的大企业。另一方面，中小企业与大企业在经营透明度和担保条件上的差别，以及单位贷款处理成本随贷款规模的上升而下降的原因，商业银行也会在经营中将中小企业与大企业区别对待。因此，商业银行现有的信用评级体系是针对大企业而制定的，忽略了对充满活力的中小企业的支持。

## （二）内部因素制约

### 1. 财务管理不健全

财务评估是国际上主要的信用风险测定和评价的方法，相关财务分析指标是信用风险的财务评估或评价的主要计量和判断标准。所以，财务数据的客观真实性是信用风险计量和财务评估意见准确与否的关键（刘俊剑，2004）。规范的财务管理对提高企业的资信等级，扩大企业的融资能力具有重要意义。中小企业在中国木材产业中占绝大多数，因此中小企业的财务管理状况，在很大程度上决定了木材产业的财务管理水平。

大多数中小企业财务管理不健全，缺乏完善的内部财务控制制度、稽核制度、定额管理制度、财务清查制度、成本核算制度、财务收支审批制度等基本的财务管理制度，造成财务信息不透明，财务报表不规范，会计信息缺乏应有的完整性和准确性，导致中小企业的信用缺失，成为阻碍中小企业融资的主要原因。据调查，中国 50% 以上的中小企业财务管理不健全，34% 的中小企业至今还没有编报现金流量表，许多中小企业缺乏经财务审计部门承认的财务报表和良好的连续经营记录（钮明，2005）。财务信息不透明加剧了企业与银行之间的信息不对称，致使银行无法甄别企业经营绩效及发展前景方面的真实信息，导致中小企业的信用等级较低，60% 以上在 3B 或 3B 以下，难以获得银行贷款①。

### 2. 企业经营能力弱

木材加工企业在经营能力方面存在的问题，是造成中国木材产业融资能力薄弱的重要原因。主要表现在：生产设备和工艺落后，产品档次较低，缺乏创新能力；经营管理水平和人员素质比较低，经营行为短期化，缺乏长远发展机制；市场竞争能力比较弱，抗风险能力弱，容易遭市场淘汰；盈利水平不高，业绩不理想，产业缺乏发展后劲，达不到规模经济的要求；市场竞争较为激烈，高比率的倒闭情况导致了贷款的清偿危机和高违约率。

---

① 中国银行业新增贷款的 80% 都集中在 3A 和 2A 类企业。

金融风暴对中国木材产业造成了巨大冲击，充分暴露出中国木材加工企业经营能力的欠缺。2008 年受金融海啸的冲击，全国重点人造板基地四成的木材加工企业已经关停，山东临沂 40% 木材加工企业关停，浙江南浔 43% 木材加工企业关停，江苏邳州 30% 木材加工企业关停，河北文安 45% 木材加工企业关停（李雪，2008）。由于木材加工企业经营能力的薄弱，企业缺乏可持续发展的动力，导致企业淘汰率高，致使银行对木材加工企业的偿还能力心有余悸，从而加大了木材产业融资的难度。

## 四、产业规模化经营的制约因素

规模效率是全要素生产率的重要来源。根据 Malmquist 生产率指数的测算结果，1999～2005 年中国造纸及纸制品业年均规模效率变动指数为 0.988，说明该行业的实际规模与最优规模之间的差距在扩大，该行业处于规模不经济的状态。较低的规模效率不仅限于造纸及纸制品业，木材加工业和家具制造业也存在同样的问题。规模效率的低下，导致中国木材产业处于规模不经济的状态，具体表现在内部规模不经济和外部规模不经济两个方面。

### （一）内部规模不经济

尽管木材产业近年来的成长有目共睹，但还是停留在总量积累的水平上。由于这种积累方式并没有形成鲜明的产业规模化发展趋势，致使产业难以形成可持续竞争力。

工业企业规模的大小及其是否合理，可以通过集中度反映出来。产业集中度是反映产业市场结构性状和大企业市场控制力的一个概念，用 CR 表示，公式为：

$$CR = \frac{\text{大中型企业工业总产值}}{\text{所有企业工业总产值}} \times 100\% \quad (7\text{-}2)$$

一般认为，CR≤40% 为低集中度；40% ≤CR≤60% 为中集中度；60% ≤ CR ≤ 80% 为较高集中度；CR > 80% 为高集中度（沈文星，2005）。从世界各国工业发展的一般趋势看，产业集中度具有逐步提高的趋势，即少数大企业在某一行业中的地位越来越重要。这是因为企业规模的扩大有利于产业规模经济的实现。

由于统计年鉴尚无以行业内全部企业为统计口径的数据，本文使用全部国有及规模以上非国有工业企业与乡镇企业的加总，作为所有工业企业的统计范围，并用工业总产值反映产业集中度。规模以上工业企业为年主营业务收入在500万元以上的企业，乡镇企业绝大多数达不到这一规模水平，并且均属于集体企业或者私营企业，因此，本研究选用全部国有及规模以上非国有工业企业与乡镇企业的总和作为所有工业企业的替代具有科学性。

根据表7-3，2006年木材加工业、家具制造业和造纸及纸制品业的产业集中度分别为15.92%、30.83%和33.47%，均未超过40%，而发达国家的产业集中度一般在80%以上，这说明中国木材产业的集中度低，市场结构还处于企业数量多、规模小的低水平状态，大企业对市场控制力弱，产业发展还远未达到规模化经营的水平，难以形成核心竞争力。

**表7-3 2006年中国木材产业集中度指标 单位：%**

Tab. 7-3 Index of concentration ratio of Chinese timber industry in 2006 Unit：%

| 行业 | 企业数量所占比重 | 工业总产值所占比重 | 利润总额所占比重 | 从业人员所占比重 |
|---|---|---|---|---|
| 木材加工业 | 2.37 | 15.92 | 16.42 | 13.36 |
| 家具制造业 | 6.29 | 30.83 | 33.07 | 30.07 |
| 造纸及纸制品业 | 4.88 | 33.47 | 36.52 | 26.85 |

注a：数据来源于2007年中国统计年鉴和2007年中国乡镇企业和农产品加工年鉴，经整理得到；

注b：数据统计口径为大中型工业企业。

### （二）外部规模不经济

产业集聚是产业规模化经营的重要方面，是实现外部规模效益的主要途径。产业集聚是一个难以具体量化的指标，本研究选用木材产业各省份的区域布局分散度指标来间接表示。区域布局分散度是衡量产业区域分散程度的指标。假定生产某产品的区域总数为$n$，产值名列全国前三名的区域的产品比重为$X_i$（$i=1，2，3$），其余区域的产品比重为$X_j$（$j=1，2，\cdots，n-3$），则区域布局分散度指标计算公式为：

$$V = \frac{\sum_{j=1}^{n-3} X_j}{n-3} \div \left[ \sum_{i=1}^{3} X_i - \frac{\sum_{j=1}^{n-3} X_j}{n-3} \right] \tag{7-3}$$

式（7-3）中，$V$的值域为［0，0.5］，$V$越趋近于0，表明产品生产区域分布越集中，当全部产品集中在3个区域生产时，$V=0$；$V$越趋近于0.5，表明产品生产区域分布越分散，当$X_i=X_j$，即当所有产地的产品比重都一致时，$V=0.5$（余明江，2005）。

**表7-4　2006年中国木质林产品区域布局分散度**

Tab. 7-4　Degree of regional distribution of China' s major timber products in 2006

| | 人造板 | 木制品 | 木制家具 | 纸及纸制品 |
|---|---|---|---|---|
| 区域布局分散度 | 0.040 | 0.063 | 0.018 | 0.037 |

注a：数据来源于2006年中国林业统计年鉴，经整理得到。

根据表7-4，人造板、木制品、木制家具、纸及纸制品的区域布局分散度分别为0.040、0.063、0.018、0.037。木质林产品的区域布局分散度均低于0.1，其中木制家具的区域布局分散度最低，仅为0.018。这表明，区域集中是中国木材产业产业布局的主要特征。

随着区域集中度的提高，各个区域市场不断趋于融合，中国木材产业产业集聚的趋势逐步明显。中国家具业已形成四大产区，即以沈阳、大连为中心的东北家具工业区；以北京、天津、唐山为中心的华北家具工业区；以上海、江苏、浙江为中心的华东家具工业区；以广州及周边的顺德、中山、深圳及东莞为中心的华南家具工业区（中国家具年鉴，2005）。胶合板行业形成了4大产业集群：以邢台、廊坊为中心的河北产业集群，以山东临沂为中心的山东产业集群，以嘉善为中心的浙江产业集群和以江苏徐州为中心的苏北产业集群，4省的胶合板产值占全国胶合板总产值的70%（国家林业局，2006）。造纸行业主要集中于山东、浙江、广东、江苏等地，4省的造纸行业产值占全国造纸行业总产值的60%（中国造纸协会，2008）。

虽然中国木材产业达到了地理上的集中，但由于企业之间并未形成良性的竞争协作关系，产业集聚反而加剧了产业内部的恶性竞争（程宝栋，2007）。中国木材产业集群内大多是“小而全”的企业，由于企业内部的专业化水平低，企业之间的分工协作程度低，导致产品同类同质现象严重，进而使产业集群陷入竞相压价的恶性循环。反之，恶性竞争也阻碍了企业专业化水平的提高和企业间的分工协作，直接影响了中国木材产业在国际市场上的竞争力（宋维明等，2005）。可见，这种低层次的产业集聚并未对产业竞争力起到应有的推动作用。

# 第八章

# 对策的设计与选择

中国木材产业存在诸多制约因素，阻碍了资源基础转换的实现。针对这些制约因素，本章分别从技术进步与创新、智力资本的培育与积累、融资渠道的多元化以及产业规模化经营等角度提出了相应的对策建议。

## 一、技术进步与创新

技术进步是资源基础转换的关键环节。促进技术进步要从两个角度入手：一方面，大幅度增加技术资源投入，大力发展新产品、新技术，切实转变产业发展方式；另一方面，实现技术资源投入的优化配置，使其发挥最佳效用，从而提高核心竞争力。

### （一）政府角色

技术创新是产品差异化的主要来源，也是产业动态性的源泉，构成了产业竞争力的基础。但是中国木材产业的经营主体技术投入能力有限，依靠自身力量难以在短期内实现大规模的技术创新活动。因此，政府应该在技术投入方面对木材产业实行战略性支持。

#### 1. 健全风险投资机制

技术创新需要有充分的资金支持。资金短缺是中国木材加工业和家具制造业技术创新的主要障碍，风险投资为技术创新提供资金支持，能够弥补国家财政投入不足和银行融资困难的缺陷，对企业技术进步具有重要意义。但是，中国风险投资机制存在诸多问题，制约了风险投资作用的发挥。因此，政府应该在借鉴国外经验的基础上，规范和健全风险投资机制，建立政府和民间相结合，上市与非上市产权交易相结合的风险投资机制，逐渐拓宽现有资本市场的范围，大力鼓励和发展面向企业的资本市场，通过多种渠道，组织资金投向技术创新，减少创新风险，支持高新技术产业化。为此，政府应该采取以下措施：

（1）完善多层次的资本市场体系，促进风险资本循环投资。风险资本的退出是风险投资运作流程中的重要环节。但是，由于中国资本市场的诸多问题，风险投资缺乏畅通的退出渠道。因此，建立一个层次清晰、分工明确、交易活跃的资本市场成为中国风险投资亟待解决的首要问题。为此，应该采取以下措施：①应该尽快建立创业板市场，并健全其管理制度，为风险投资资金提供套现机制，为企业技术创新提供融资渠道。②应该加快产权市场的培育和完善，建立统一、开放、公平、公正的产权市场，为风险资本的退出创造良好的环境。

（2）政府资金适时退出，激励民间资本进入。中国风险投资机构中，国有股权比重过大，与风险投资的本质相违背，造成风险投资发展后劲不足。因此，应该重构风险投资进入机制，鼓励民间资本进入风险投资领域，减少政府在风险投资机构中持有的股份，形成以政府资金为引导、多元化的民间资本为主体的发展态势。

2. 构建科技创新体系

科技创新体系主要由政府、企业、高校和科研院所构成。其中，政府在这个体系中应该发挥宏观调控和政策引导的作用，以营造环境为主，通过一系列政策措施鼓励企业进行技术创新。企业是技术创新的主体，应该加大技术创新的投入，提高技术创新的效益，规避技术创新的风险，加快技术成果的市场化。高校和科研院所是基础研究和人才培养的基地，应该在知识的生产、转化和转移等方面将起到关键的作用。

针对中国木材产业存在的技术创新和市场开发相脱节的问题，政府应该在企业、高校、科研院所之间建立起科技创新的协调系统，组织、优化和整合企业、高校、科研院所的技术资源，构建以企业为主体，以市场为导向，以科研系统为支撑，“产学研”相结合的科技创新体系。政府应促进企业与高校、科研院所的技术研发合作，鼓励高校和科研院所的科研人员以技术或专利的方式入股和投资企业；加大对民营企业技术创新的支持力度，支持企业设立科研机构，完善在科技立项、技术开发和筹资融资等方面的倾斜支持政策；建立科技成果产权交易体系、科技开发优惠信贷和风险担保体系，提高科技成果转化率；创建木材产业技术创新平台，提高公共技术服务的科学性和规范化，形成科技创新服务资源共享机制，为企业的技术创新活动提供健全高效的基础平台；政府应该设立专门机构，收集相关信息，为企业和科研院所的合作牵线搭桥。

3. 促进技术消化吸收

技术引进是促使产业技术进步的重要手段，但仅靠技术引进不能实现二次创新和技术扩散的目的。实践证明，成功的技术引进，并不是简单的引进和使用的单方向运动，而是“技术引进——消化吸收——技术创新——技术势提高——再技术引进”的循环过程。其中，消化吸收是促使这一循环良性运转的核心。要想通过技术引进达到真正技术进步，必须强化引进技术的消化吸收，使技术引进进入良性循环。因此，应该建立技术引进与消化吸收的协调机制，以此带动中国木材产业自身技术水平和能力的提高，这才是技术引进的最终目标。对于中国木材产业而言，企业平均规模较小，科研能力较为薄弱，缺少对引进技术消化吸收的意识和能力。因此，政府应该对木材产业引进技术的消化吸收给予引导和扶持。

（1）对于木材产业的共性技术、关键技术，政府可以统一引进，组织“产学研”各方的科技力量，进行联合消化吸收，并在财政上予以资金支持，最后将研究成果在产业中推广。

（2）政府应该运用税收、价格、信贷、财政、汇率等经济杠杆，对技术引进与消化吸收加以调节与扶持。对重大消化吸收与开发创新项目，要利用国家政策性银行给予贴息、低息贷款；对引进软件技术和消化吸收项目，要实行税收优惠政策，包括减免租税、加速折旧等。

（3）鼓励引进和消化吸收国外的先进技术。改革开放以来，引进国外技术已经对中国木材产业的发展产生了积极的影响，但是存在引进技术的盲目性问题，如缺乏对技术先进程度的鉴别等。今后政策上应当引导企业更加关注引进技术的先进性问题，也就是要关注引进技术的生命周期。通过政策来激励更多地引进初创期和成长期的技术，限制对成熟期甚至衰退期技术的引进。

4. 完善知识产权保障制度

对于企业而言，创新不仅需要大量的投入，而且要承受巨大的风险。因此，鼓励企业创新必须保证企业创新活动获得相应的补偿和收益。知识产权保障制度是鼓励企业创新的前提和基础。只有依靠完善的知识产权保护体系，技术创新才能形成新的生产力，加快产业的优化升级，最终在国际竞争中发挥中国木材产业的后发优势（李智勇，2003）。目前，中国知识产权保障制度不完善，企业技术创新的风险增大，技术创新成果易被他人侵权，降低了企业技术进步的积极性。因此，政府应该完善知识产权保障制度，提高中国木材产业知识产权的形成能力、保护能力和转化能力。

完善知识产权保障制度要从两个方面入手：一方面，建立知识产权激励机制；另一方面，强化知识产权保护力度。为此，应该采取以下措施：

（1）要科学、合理地解决科技成果及知识产权的归属问题，依法规范科技人员在创新活动中应当享有的权利和义务，切实保护知识产权所有者的合法权益，激励和保护科研机构、高等院校、企业和个人开展创新的积极性。

（2）要加强知识产权专门人才的培养，普及知识产权的知识，进一步提高全民族的知识产权意识和法制观念。

（3）要加快知识产权社会化中介服务体系的建设，加大对知识产权公共信息网络建设和服务的投入，加强对企业知识产权工作的指导和服务。

（4）改革政府科技管理体制，充分发挥知识产权在科技管理中的导向作用，把取得知识产权作为科技项目的基本目标要求，使知识产权管理贯穿于立项、执行、验收等项目管理全过程，提高科技成果取得知识产权的比例。

5. 强化财税政策支持力度

财税政策是政府支持企业技术创新的主要政策工具。财政政策通过政府采购对技术创新活动进行资助和引导，提高高新技术产品的市场收益；税收政策通过导向明确的税收优惠措施，可以降低创新研发成本、减少研发风险，为创新主体创造良好外部环境，激发创新主体的创新动力。

（1）充分发挥政府采购对产业技术创新的扶持作用。为了促进中国木材产业的技术进步，在政府采购方面，应该对国内木材产业的技术型产品实行倾斜。在技术创新的初期阶段，政府采购是一种重要的激励手段。因为一种新产品、新技术在刚刚推向市场时，常常会面临市场需求不足的问题。因此，中国应该利用政府采购，创造新产品、新技术的市场空间，激励木材产业的技术创新。这对中国木材产业的技术进步可以起到积极的扶持和促进作用。

（2）充分发挥税收优惠对产业技术创新的激励作用。税收优惠能合理地降低技术创新和技术进步的成本，增强企业技术改造的主动性，从而影响技术进步的规模和速度。中国现行的企业所得税优惠政策，大多是针对科技成果的收入给予减免税优惠，而对事前的研发活动本身或研发过程的税收支持不够，因而对企业技术研发的促进作用不够明显。今后，中国科技税收政策的侧重点应多放在税前优惠方面，如根据创新项目性质和投入资金规模，采取加速折旧、税前列支、投资抵免等方式。因为这些税前优惠政策强调事前利益让渡，减轻了企业技术研发的风险和负担，与所得税优惠相比，具有更大的激励作用。

**（二）企业角色**

虽然政府或者产业协作组织等的作用，对形成产业创出性资源是不可缺少的，但是，从根本上说，产业的创出性资源还是企业发展的内生变量，因此，企业的努力仍然是培育这个资源的主要力量。

1. 完善技术创新与扩散机制

技术创新是技术进步的源泉，技术溢出是技术扩散的主要途径。从要企业的角度考察，技术创新首先是技术人才队伍建设和创新激励制度建设的过程。同时，构建畅通的技术扩散渠道，可以有效地加强技术溢出对技术进步的推动作用。在当代世界经济一体化的进程中，外商直接投资作为技术外溢的主要形式，已经成为推动东道国技术扩散的重要方式。因此，中国木材产业应该建立健全技术扩散与交流机制，充分发挥外资的技术溢出效应，提高内资企业的生产力水平。

（1）增强企业的技术吸收能力。由于技术落差是示范效应发生的主要原因，增强内资企业的技术吸收能力是强化示范效应的主要途径。增强技术吸收能力促使内资企业最大程度地消化、吸收外资溢出的技术成果，从某种意义上说内资企业的技术吸收能力决定了外资技术溢出效应的效果。为此，内资企业应该建立有效的研发机制和创新激励机制，增加 R&D 投入，开发新产品，改进生产工艺，提高产品质量，提升企业整体技术水平。同时，政府应该给予内资企业一定优惠政策，鼓励其与大专院校和科研单位进行技术合作，并向国内企业提供必要的金融支持，减少其技术吸收过程中因资金不足造成的约束。

（2）提高内资企业与外资企业之间的关联度。保持较高的产业关联程度。产业间的关联是溢出效应产生的关键途径之一，通过产业间的关联，可以充分利用跨国公司的先进技术和管理经验以及国际营销网络。因此，政府要在跨国公司与国内企业之间建立起相互接触、沟通、交流的桥梁，通过为当地企业提供合作信息、促进企业技术升级、加强人员培训、提供资金支持等措施，激励外资企业和内资企业建立分包商或供应商关系，加强两者之间的前向、后向联系，以实现跨国公司对中国企业人员的培训和技术转让。

（3）创造良好的吸引人才制度与创业环境。创造良好的吸引人才制度与创业环境是强化培训效应的有效途径。促进智力资本在内外资之间的流动是培训效应发挥作用的关键。对于内资企业来说，吸引外资企业人才回流是从外资技术外溢中受益的重要方式。因此，内资企业应改善就业环境，完善工资政策和社会保障制度，吸引外资企业人才回流，将他们拥有的技术和经验扩散到内资企业，提高本地企业吸收先进技术的有效性。

2. 提高生产管理水平

技术进步成果及其转化为现实生产力的过程，是技术革新与生产管理科学化相辅相成的过程。发达国家经济增长的主要动力是技术进步，并且这个动力的作用则是在科学的、高效率的生产管理条件下实现的，可见，技术进步与生产管理是提高企业全要素生产率的基本保证，但是，中国木材产业成长的条件和背景，并没有促使技术进步与生产管理形成相互支撑的协调关系。

以造纸及纸制品业为例，根据第五章中表5-5，中国造纸及纸制品业的技术进步速度相对较快，1999～2005年技术水平年均增长12.8%，但生产管理水平却严重滞后，1999～2005年生产管理水平年均提高1.3%，远远落后于技术进步的速度，由此在一定程度上束缚了技术进步本应对产业发展带来的促进作用。因此，中国造纸及纸制品企业应该充分认识到生产管理改革的重要性，在提高技术水平的同时，加快生产管理改革的步伐。

首先，要强化人本主义的生产管理理念，提高企业员工对新技术的适应能力，形成有利于新技术运用的智力资本培育机制；其次，要积极学习国外先进的生产管理经验，建立适应先进技术吸收和应用的组织管理模式和管理机制，即在实现技术运用过程的系统化和精细化管理，改善技术运用的主客观条件的基础上，形成企业技术进步与生产管理水平提高之间相互促进的协调关系。

3. 建立企业技术联盟

企业技术联盟是指两个或两个以上企业致力于技术开发而形成的联合同盟（谢富纪，2004）。技术联盟是企业技术进步的有效途径之一。一方面，技术联盟的建立可以集中多家企业的技术力量，促进联合技术研发，有效解决了单一企业技术力量薄弱的问题；另一方面，可以形成企业间技术的交流和共享机制，促进企业间的技术扩散。市场经济不仅是竞争经济，还是协同经济，企业之间不仅存在竞争关系，还存在合作关系。技术联盟的建立为企业间的技术合作搭起了平台，使企业有能力开发大型技术项目，有机会学习合作伙伴的技术。技术联盟的建立与发展实际上是由一系列的技术研发、技术管理、技术学习与技术进步等活动构成的动态过程。通过建立技术联盟，可以加快产业的技术进步。

中国木材产业是以中小型企业为主体的产业，由于资金、技术、人员等极为有限，大多数企业不具备技术研发能力。技术联盟是解决这一问题的有效途径。值得一提的是，中国木材产业，特别是木材加工业和家具制造业，产业集聚的特征显著，在全国各地形成了极具特色的产业集群。由于集群内企业地理位置接近，交通较为便利，企业间了解较多，在产业集群内部实现技术联盟具有得天独厚的优势。技术联盟可以提升产业集群的技术水平，促进产业集群的优化升级，进而大大加快产业技术进步的速度。

## 二、智力资本的培育与积累

前面的分析表明，在中国木材产业资本积累的过程中，物质资本的积累显然要快于智力资本的积累。从长远来看，智力资本的不足，不仅会限制物质资本对产业发展的贡献，还会束缚以智力资本为载体的各种资源作用的发挥。因此，针对这种资本积累的不均衡，应当从各个层次加大智力资本培育的力度，增加智力资本存量，从根本上消除智力资本不足的问题。

### （一）政府角色

1. 提高国民教育水平

提高国民教育水平是增加中国木材产业智力资本积累的根本途径。中国教育经费投入的不足严重制约了国民教育水平的提高。为了促进中国教育的发展，必须加大教育投入总量，调整教育支出结构，提高资金使用效益。各级政府财政仍然是教育投资的主渠道，壮大财政的实力是增加教育投资的根本保证。同时要从中国实际出发，扩大非政府投资办教育的途径，用政策鼓励社会力量增加对教育的投入，形成多主体投资、多渠道办学的格局。

加快智力资本积累速度，首先要增加政府的教育支出。各级政府应该通过财税收支预算结构的完善，增加教育经费投入，从根本上扭转中国智力资本积累速度过慢的不利局面。从国际经验来看，政府财政性教育支出应该占到 GDP 的 4% 以上。由于中国存在较大的历史性欠账，财政性教育支出的比例应该更高，最好能保持在5%以上。

加快智力资本积累速度，还要鼓励社会力量投资办学。实行教育供给的竞争化和多元化，可以优化教育投资结构，逐步改变教育经费不足的局面。因此，在国家政策允许的条件下，应该提倡和鼓励民办教育和私立学校的发展。近年来，中国民办学校取得了一定的发展，但其教育质量和社会认可度还不高。为此，政府应该加强对民办学校的教学环境和教育质量的监控。同时，通过财政补贴和税收优惠政策，帮助民办学校改善办学条件。

2. 大力发展职业技能教育

提高中国木材产业竞争力，不仅需要一大批具有高层次专业知识的科研型人才，也需要大量具有高级专业技能的技能型人才。职业技能教育是培养技能型人才的主要途径，是对正规教育的有益补充。中国职业技能教育目前正进入快速发展阶段，但仍面临着社会歧视、体制不顺、管理混乱、资金短缺、就业服务不到位等深层次问题与挑战（潘晨光等，2007）。因此，应该大力推进中国职业技能教育的改革与发展，切实解决和消除影响中国职业技能教育发展的障碍，构建与市场需求、劳动就业紧密结合的现代职业技能教育体系。

政府应该根据职业教育发展的现状，不断调整相关政策，以适应木材产业快速发展的需要。具体措施如下：一是调整职业技能教育的投资机制，多渠道筹集资金，加大对职业技能教育经费的投入；二是完善职业资格认证制度，建立国家统一的职业资格认证制体系，加强职业资格标准的研究和开发，积极推进职业资格证书的国际化互认；三是通过政策引导和激励，调动社会投资职业技能教育的积极性，建立行业、企业、学校共同参与的机制，推行工学结合、校企合作的办学模式；四是积极推进职业技能教育办学体制和管理体制的改革，促进职业技能教育与产业发展紧密结合。

3. 健全智力资本市场体系

智力资本价值的实现和增值，往往要通过智力资本的流动来完成。智力资本市场是智力资本流动的主要渠道。中国智力资本市场呈现多重分割状态，构成了智力资本流动的障碍。这就要求打破过去的所有制界限、部门界限、地区界限以及城乡界限，使智力资本能够在更为广阔的空间里，按照市场需求合理地流动（宋晓梅，2004）。这样既可以避免智力资本的无限制浪费，又可以促进智力资本的保值增值。因此，建立统一、开放、竞争、有序的智力资本市场，就成为中国木材产业智力资本战略的必然选择。

（1）建立起面向全社会劳动者的市场体系，使不同地区、不同部门、不同行业、不同层次规模类型的智力资本市场，在法制、信息等引导下，纳入全国统一的市场体系。

（2）借鉴国外经验，多形式、多层次地推动智力资本流动，包括责任制、聘用制、兼职制、辞职制、交流制、转任制等。

（3）提高智力资本市场信息手段的现代化水平，建立畅通的智力资本流通渠道，实现各地区智力资本市场信息共享，促进信息和智力资本流动的一体化。

（4）完善智力资本市场服务体系。建立职业介绍体系、信息和教育培训体系，加强立法监督，规范中介组织行为，减少交易成本，为智力资本自由合理流动提供服务功能。

4. 构建智力资本产权保障制度

智力资本形成的复杂性决定了智力资本产权确定和实现的复杂性，因此必须通过完善法律制度来保障中国木材产业智力资本产权（宋晓梅，2004）。在法律上，确认智力资本天然所有权属于智力资本的载体，同时赋予智力资本自由流动权。完善智力资本流动、智力资本使用方面的制度，包括劳动报酬、人员招聘、选拔、晋升、调动、解聘等方面的法规。在分配政策上赋予企业自主确定分配方式的权利，这样有助于智力资本价值实现，在使用中激励智力资本，提高智力资本的配置效率（黄乾，2002）。

智力资本产权法律制度的滞后制约了智力资本作用的发挥，必须要加快相关法律环境的建设。一是在《公司法》、《企业法》中确认智力资本的个人所有权，智力资本所有者依法享有企业的剩余分享权和控制权。二是加快会计准则关于智力资本界定、价值计量方面的具体准则制定。三是国家为智力资本参与企业收益分配提供政策上的优惠，对员工取得的企业剩余价值给予一定的税收减免，有利于智力资本产权化进一步实施和完善。四是规范和规定企业股东大会、董事会、监事会和职工代表大会的职能和权限，允许智力资本出资者也能进入决策层，与物质资本所有者享有同样的权力，形成智力资本与物质资本均衡的谈判力量。

### （二）企业角色

#### 1. 强化职工技能培训

企业培训是职业教育发展的重要形式。职业教育本身具有很强的市场导向性，中国职业教育发展的现状决定了企业在职业教育方面具有很大的需求。要鼓励企业从实际出发，制定职业教育和职工培训规划，加强培训基地建设，开展多形式的岗位培训，提高企业职工队伍的整体素质，优化职工队伍结构，增强企业竞争力。与国外相比，中国木材产业的职业培训工作，在数量上和质量上均有较大差距。中国木材产业应当认识到培训工作的重要意义和由此产生的投资回报，重视和加大职工技能培训的投入。企业要充分认识到职工技能培训的重要性。一方面，企业是推进职工技能培训的基础力量，出于提高生产效率的目的，企业会根据自身的需要和条件的许可，对员工进行针对性的培训。这种智力资本的投资，不会因员工的离职而消失，而只是在企业间进行流动，依然发挥着智力资本的作用（曾晓，2006）。另一方面，企业可以向教育部门提供实习基地，走“产学研”相结合的道路。随着信息社会的来临，产品更新换代的速度越来越快，企业通过向学校提供实习机会，挑选、选拔、储备人才，可有效回避人才短缺的问题，还可以减少企业寻求优秀人才的成本，有利于企业在经济全球化进程中得到持久的竞争力（韦明等，2004）。

#### 2. 提高企业高层管理者素质

面对国内外经济环境的变化，对于中国木材产业而言，企业高层管理者必须尽快提高自身素质，适应时代的要求，培养与跨国企业竞争的实力，保证企业的可持续发展。转变观念是第一要务，企业高层管理者必须要有现代企业经营理念和意识，在此基础之上，培养经营能力，丰富经营经验。总的来说，可以从以下几方面着手发展：

（1）强化企业家的学习和创新意识。企业家是企业的实际经营者，掌握着企业的实际控制权，是引导企业发展的决定力量。在当今中国木材产业成长的关键时期，面对来自跨国公司竞争挑战和产业升级的双重压力，如果企业家们没有足够的知识和经验，很难应付目前的复杂局面。在企业开拓创新的过程中，企业家不仅是创新的倡导者，更是创新行为的组织者和领导者。由此，中国木材产业的企业家们必须要不断更新观念，采用适应时代并超越时代的新思维、新观念，并且将这些新思维和新观念落实在企业的经营管理活动中。

（2）建立职业经理人选拔机制。职业经理人就是以企业经营管理为职业，熟练应用企业内外各种资源，为实现企业经营目标，担任一定管理职务的受薪人员（马喜珍，2008）。职业经理人制度的形成可以有效弥补木材产业企业家素质的不足，将企业的管理水平提高到更高的层次。为此，应该采取以下措施：①建立职业经理人资格评审制度。应当建立一套完整的职业经理人素质标准评价体系，制定职业经理人的任职资格、条件和标准，并通过系统考察职业经理人的素质和实际能力，由专家评审后给符合条件的人发放资格证书。②建立职业经理人人才市场。尽快建立职业经理人人才库，通过职业经理人人才市场的建立，让职业经理人直接进入市场公平竞争、优胜劣汰，逐步形成一支高素质的职业经理人队伍。③强化对职业经理人的激励机制。职业经理人激励机制是发挥高层次智力资本作用的重要途径。通过物质、福利和股票期权等激励手段，可以充分发挥职业经理人的潜力，实现职业经理人与企业拥有者之间的互信，优化企业的管理水平和决策能力，推动企业较快发展。

### 3. 提高管理水平

现代市场经济要求家族企业突破自身的局限，以家族资本去有效融合社会资本，与非家族成员共享企业的资产所有权、剩余索取权和经营控制权，甚至完全放弃家族控制。家族企业若不能与时俱进，依然在家族资本的封闭圈内运作，依然用家族的规则来管理企业，那么企业组织必然是不合理的，其管理也必定是低效率的，难以支撑企业的长期发展。因此，中国木材产业必须突破家族式管理的制约，建立科学的智力资本管理制度。

（1）建立科学的人才选择机制。实施全员招聘制度，淡化家族式管理，积极引进人才。所谓“全员招聘”就是打破原有的内部用人、用亲信之人的制度，实行面向社会全员招聘、双向选择、公平竞争、择优上岗的用人制度。根据这一原则，企业应充分利用科学的方法，大胆选择懂管理、善经营的人才担任要职。无论是家族内部、还是家族外的人才，都应有平等的竞争机会，都应受企业规章制度的监督和制约。

（2）建立科学的业绩考核体系。要建立对员工科学、适当的评估考核标准，考核标准、考核方法需保证客观性、可操作性和可检验性，从员工的岗位重要性程度、技术含量和技术经验、业绩考核等多方面进行考核评估。在评估考核中，对家族内外的管理人员、对企业资历深浅的人员应一视同仁，并以德能勤绩的综合考评结果作为员工报酬和晋升的依据，以期充分调动员工参与管理的责任心和积极性。

（3）建立科学的内部流动机制。岗位轮换就是企业内部员工流动的一种合理形式。岗位轮换是企业内部有计划地按照大体确定的期限和范围，平行调整员工的岗位，轮换担任不同工作的做法（杨国福，2005）。岗位轮换是主动的、有目的、有针对性的员工流动和人事配置，是智力资本培育的有效手段。通过轮换做不同的工作，员工就会在新岗位尽快地学到新知识、新业务、新技能，提高处理新问题的工作能力。因此，中国木材产业应该建立以岗位轮换为核心的人力资源内部流动机制。

## 三、融资渠道的多元化

融资能力是重要的创出性资源，为中国木材产业资源基础转换提供资金支持，是提高中国木材产业竞争力的重要力量。中国木材产业融资能力薄弱，融资渠道狭窄，制约了产业竞争力的提高。因此，本研究从内源融资、权益融资和负债融资三个方面提出了融资渠道多元化的解决措施。

## （一）充分利用内源融资

内源融资是外源融资的基础，内源融资能力的提高可以促进外源融资能力的获取，有助于实现融资渠道的多元化。在发达国家，内源融资的比重一般都超过50%，相比中国木材产业的内源融资比重不到15%（杨建新，2003）。企业的内源融资能力主要由企业的盈利能力决定。企业的盈利能力强，用于内部积累的资金就多，在企业的内部积累率不变的情况下，企业的内源融资能力就比较强。但是，中国木材产业的盈利能力较弱。2006年中国木材产业国有及规模以上非国有工业企业工业成本费用利润率[①]分别为，木材加工业5.36%，家具制造业5.03%，造纸及纸制品业5.67%，均低于全国平均水平6.74%（国家统计局，2007）。

企业内源融资的源泉是企业不断创造的利润，获利能力差的企业，内源融资必然受到限制。因此，提高内源融资能力必须与提高企业经济效益相结合。一方面，企业的生产经营决策要确保各类资源向有市场优势、资金回笼快、效益好的优质项目倾斜，有效实现企业有长期稳定的经营收入和稳定的经济效益。另一方面，加强成本管理，对生产经营的全过程进行成本核算控制，以提高企业成本核算水平和成本信息的准确性，达到降低成本，提高效益的目的。

## （二）拓展权益融资渠道

权益融资是融资渠道多元化的主要环节，是外源融资的主要方面。中国木材产业权益融资能力薄弱，原因在于中国木材产业的主体是数量众多的中小企业，其中相当部分还是由手工作坊发展起来的家族式企业，因而多数企业没有建立现代企业制度，从而达不到上市融资的基本要求。此外，中国缺乏多层次的资本市场，现有的资本市场还没有真正

① 成本费用利润率反映企业投入的生产成本及费用的经济效益，同时也反映企业降低成本所取得的经济效益。计算公式为：成本费用利润率=利润总额/成本费用总额×100%。

向中小企业开放，因而中国木材产业缺乏上市融资的渠道，这也是造成产业权益融资能力薄弱的重要原因。为此应该采取以下措施：

（1）积极建立现代企业制度。现代企业制度是随着市场经济的发展而产生的、适合现代市场经济要求的一种企业制度。现代企业制度是企业发展的必由之路，也是企业权益融资的必然选择。2004 年中国木材产业中国有及规模以上非国有工业企业数量达到 1.26 万家，占该产业企业总数的 12.16%（滕德琼，2006）。这部分企业拥有一定的生产规模，具备成为现代企业的潜力，应该逐步转化传统的经营模式，建立现代企业制度。通过建立现代企业制度，可以提高企业的经营管理能力、品牌知名度、投资项目的盈利性、市场控制能力等，这些因素是企业上市融资的重要条件，对企业的权益融资能力具有重要的影响。

（2）促使中小企业板向创业板转化。中国资本市场由主板和中小企业板构成，是企业筹集权益资本的主要渠道（苗淑娟，2007）。但是，中小企业板目前只是一个符号和概念，并不具备创业板的实质意义，与真正的创业板相比，中小企业上市的门槛比较高，严格按照主板的上市条件来审核（滕德琼，2006）。由此可见，中小企业板仍是主板的一个板块，它离真正的创业板还有相当距离。因此，尽快实现中小企业板向创业板的转化，可以扩大木材产业权益融资渠道，促进木材产业权益融资的发展。同时，中国具备建立创业板市场的可能性。据统计，2005 年底国内居民银行存款已达到 14 万亿元人民币，国内主板市场的流通市值约为 1 万亿元人民币（张景安，2006）。在条件成熟的情况下，这一巨大的储蓄源将会为国内创业板市场提供充足的资金保证。

**（三）优化负债融资结构**

负债融资是外源融资的重要部分。由于资本市场不完善，负债融资是中国木材产业筹集资金的主要渠道之一。负债融资按照还贷时限的长短，分为长期负债和流动负债。中国木材产业负债融资集中在流动负债，引起负债结构的失衡，导致产业面临较大的融资风险。因此，优化负债结构是木材产业必须解决的重要问题。需要指出的是，负债结构失衡不仅是由于中国木材产业自身的问题，也和融资环境、信贷政策有着紧密的联系，需要政府、银行和企业协同合作才能得到有效解决。

（1）政府出资设立中小企业专业担保机构。木材产业的主体是中小企业，由于中小企业缺少可供抵押的不动产，在没有担保的情况下企业获取长期贷款的可能性很小。因此，担保难是木材产业优化债务结构的首要难题。鉴于此，政府应该设立专业化的中小企业担保机构，减少中小企业获取长期贷款的难度，提高银行为中小企业融资的积极性。

（2）银行建立一套针对中小企业的信用评估体系。目前，银行的信用评估体系是针对大企业的，不适用于中小企业，因此很有必要建立一套针对中小企业的信用评估体系。一方面，必须明确界定中小企业的分类标准和贷款扶持对象，建立较为完善的中小企业信息数据库；另一方面，要专门制定中小企业信用等级评定办法，使信用等级评定能够合理反映该类企业资信状况和偿债能力（施金影，2007）。银行可以根据中小企业的信用评估体系，对木材产业中信誉度高、市场前景好的企业给予更多的长期贷款，或者适当延长流动负债的还款期限，借以扶持木材产业的发展。

（3）企业合理确定负债结构。企业应该将流动负债所占比重降低到一个合理的范围内，以降低融资风险。在确定流动负债比重方面，企业应该以现金流量为准绳。企业的短期负债最终由企业经营中产生的现金流量来偿还，以现金流量为基础来确定企业的流动负债水平是合理的（段琳，2004）。在确定企业负债结构时，只要使企业在一个年度内需要归还的负债小于或等于该期间企业的营业净现金流量，这样，即使在该年度内企业发生筹资困难，也能保证用营业产生的现金流量来归还到期债务，即能够保证有足够的偿债能力。

（4）规范财务管理体系。企业的财务信息是信用风险计量和信用等级评价的主要依据，所以中国木材产业必须规范财务核算与审计。一是提高财务管理人员的素质。一方面，企业应该严格按照国家规定的会计从业人员资格聘请财务管理人员；另一方面，重视会计从业人员的培养，建设一支专业素养强、职业道德高的财务会计专业队伍。二是建立和健全企业的财务监督和审核制度。在规章和制度上要求企业的对外财务报告，必须经具有专业审计资格的审计事务所进行年度财务信息审计，实现内部审计和外部审计相结合。同时，推行定期的税务审计、银行结算审计等专项审计，实现专项审计和全面审计相结合，保证对外公开的财务信息全面、客观和真实。

## 四、产业规模化经营

实现规模化经营是中国木材产业资源基础转换的重要推动力，是形成木材产业可持续竞争力的关键。根据规模经济理论，木材产业竞争力的形成并且要可持续，必须要以产业的规模化发展为前提。这个结论的政策意义在于：规模经济效应和外部经济效应是现代产业形成竞争力的主要源泉，并且这两个效应都需要相应规模的可控制的市场来保证。但是，自由市场竞争难以在较短的时间帮助产业实现资本的积聚，从而为产业规模化经营奠定必要的物质基础；同时，市场原则不能对具有竞争优势的企业创造外部经济效应产生激励；而有控制力的大规模市场的培育，特别是消费者偏好的有效导向，也非个别企业或者行业所能够做到。因此，需要一种超越市场作用的力量来弥补市场作用的缺陷。这个力量就是政府政策的作用。从实际出发，在支持和扶持木材产业国内市场、推进产业规模化发展和创造产业外部经济效应途径的选择上，政府政策应该起到以下作用：

### （一）强化产业整合

企业内部规模化是实现内部规模经济的主要途径，产业整合是促进企业内部规模化的有效方式。目前，中国木材产业已进入了产业重组阶段，政府作为对市场经济产生重大影响的外界因素，应该在产业整合中发挥积极作用，以进一步提高木材产业的内部规模经济效益。为此，政府应该采取以下措施：

（1）建立企业规模标准。比如，规定新建人造板企业的年生产能力不得低于一定规模标准，对已建的低于该规模标准的人造板企业实行关、停、并、转，以利于产业资源向优势企业的集中。

（2）强化产权交易市场。加快产权交易的法制化建设，促进产权交易市场的统一规范、依法建市、依法交易，强化产权市场在资本权益资源配置中发挥基础性作用，为企业的兼并重组创造良好的外部环境（杨晓舫，2008）。

（3）支持企业规模化发展。政府可以通过财政、金融、人才及技术服务等方面政策性支持，对发展前景较好的企业给予更多的帮助，引导企业将生产规模扩大到最优状态，进而提高产业整体的内部规模经济效益。

**（二）推进产业集聚**

产业集聚是发挥外部规模经济效益的有效途径。中国木材产业仍处于低水平的产业集聚，集群企业之间没有形成良好的分工协作关系，导致集群竞争力低下。为此，政府应该强化集群企业之间的分工协作。

（1）深化产业集群的专业化分工。政府应该鼓励企业依据自身实力，按照专业化分工的原则，在产业链中选择具有竞争力的生产环节从事经营活动。一方面，这可以改变集群企业“小而全”的生产现状，提高专业化分工水平，提高企业的生产效率；另一方面，通过专业化分工，促使企业之间形成紧密的产业链，可以减轻恶性价格竞争。

（2）加快集群企业之间协作关系的形成。对于工艺相同、产品类似的企业，政府应该鼓励其共同开发新产品、新技术和新市场，形成企业之间的战略联盟。对于处于产业链上、下游的关联企业，政府应该帮助其建立长期稳定的协作关系，形成合作共赢的企业群体。

通过一系列的政策措施，中国木材产业集群企业之间的分工协作关系将进一步深化，生产效率将有所提高，技术外溢将大大加快，从而产生显著的外部规模经济效益，实现产业集群竞争力的大幅提高。

**（三）培育优势行业**

木材产业涉及的产品种类众多，经营范围也较广，不同的经营领域对产业贡献的潜力存在差异，这为政府实施行业倾斜政策提供了条件。一般而言，差异化程度高，科技含量大的产品属于高层次的动态性强的经营领域，对产业贡献的潜力大。政府应当对现有木材产业的不同经营领域进行评价，对具有朝阳性质的领域或者产业动态性强的领域给予更多的规模化发展的扶助和支持。比如，家具和木地板是木材产业中附加值较高的两类产品，在设计风格和科技含量等方面均有较大的发展空间，产品的差异化特征显著，是木材产业中高层次的动态性强的终端产品。对于此类特性的行业，政府就应当制定强有力的政策和措施，给予重点扶持和帮助，强化对这些行业优势的培育，使其率先加速规模化发展的步伐，尽快形成外部经济效应，进而带动整个产业规模化进程。

优势行业的规模化不可能是行业自身独立实现的，而是要在相关行业的支持下，在产业体系的有机互动下实现。在优势行业的培育过程中，政策还要充分重视对相关支持性行业或者产业的扶持和支持，如对木材产业的上下游相关行业，包括森林机械、木材机械等工具行业和技术研发、资金融通、市场流通和人才培养等服务行业，提供有力的政策激励和导向。

**（四）提高国内供给能力**

木材产业的规模化经营建立在木材资源供给充足的基础之上，保障木材资源供给安全，是今后中国木材产业发展的重要战略目标之一。目前，国产材资源的长期短缺，已经成为阻碍产业规模化的重要因素之一，并且也是造成木材产业过度依赖国外资源和市场的主要原因之一。因此，加速国内森林资源培育和木材流通机制建设，提高国内木材资源的供给水平，应当成为各级政府政策目标的重要内容。据估计，全国宜林地面积约为1.1亿$hm^2$，有效利用宜林地营造商品林，同时对世界最大面积的人工林进行科学的经营管理，可以大幅提高国产材的生产能力，从而为中国木材产业的规模化发展提供资源保障（印中华等，2006）。为此，政府应该采取以下措施：

（1）完善林地使用制度。在林权改革的大趋势下，明晰林地林木产权，赋予商品林投资主体长期稳定的林地使用权；建立有利于人工林规模化经营的产业组织，在所有权与经营权分离的基础上，实现人工林经营管理和资源供给与规模化经营产业需求的有机衔接。

（2）完善林业公共服务体系。应当充分利用WTO规则中的“绿箱”政策，建立有效的林业资源培育的支持机制，包括技术、资金、人才培养和社会保障等，降低商品林业资源经营的经济和社会成本。

（3）建立科学的商品林采伐制度。加大改革商品林采伐制度的力度，最大限度地赋予营林者对林木的处置权，提高营林者投资的积极性（高立英，2007）。

**（五）优化国内市场**

规模经济理论十分推崇通过政府政策，对产业内部竞争性资产积累进行强化，同时通过一定的国内市场保护和建设，为产业或企业创造良好的国内市场环境，使企业加速规模化发展的步伐，并尽快产生规模经济效应。因此，国内市场建设和培育是中国木材产业形成可持续竞争力的重要保证。各级政府应当围绕着如何通过国内市场推进产业规模化发展，对国内林产品市场建设提出明确的要求：

（1）保护国内市场。由于规模化程度低，技术水平相对落后，中国木材产业在高附加值产品的国际竞争中处于弱势地位，导致国外品牌在国内高端产品市场占据相当大的比重。如果仅仅依靠木材产业自身力量，很难将国外品牌挤出国内市场。因此，政府应该采取必要的市场保护措施，减轻国外高附加值木质林产品对国内市场的冲击，在不违反WTO原则的前提下，尽可能利用一切政策空间，为木材产业利用国内市场优势形成竞争力赢得宝贵的时间。

（2）完善国内市场。目前，国内木质林产品市场的巨大潜力尚未发挥出来。2006年人均消费的木质林产品不到0.21$m^3$，本应为木材产业发展提供强大市场支持的国内木质林产品市场，还没有发挥应有的作用。由于木材具有绿色、环保的特点，随着人民生活水平的提高，对木质林产品的需求量必将加大，这就意味着国内潜在市场无疑为中国木材产业孕育了机遇，特别是在出口受阻的情况下，开拓国内市场对产业的转型和升级具有重要意义。因此，政府应该积极建设良好的国内市场环境，对开拓国内市场的企业给予适度政策优惠。

# 第九章

# 研究的主要结论

木材产业是中国经济体系中不可或缺的重要部分，对于改善国计民生，促进循环经济的发展具有重要意义。但是，长期以来，中国木材产业始终处于低层次的发展阶段，产业竞争力没有实质性的提高。究其原因，资源基础是限制中国木材产业国际竞争力的主要障碍。因此，研究资源基础问题，有助于减轻木材产业对原始性资源的依赖，提升木材产业的竞争力，促进木材产业的可持续发展。基于对中国木材产业资源基础的系统研究，可以在以下几个方面得出结论：

**（一）中国木材产业资源的投入与配置**

按照资源在产业竞争力中的不同作用，可以将资源分为原始性资源和创出性资源。针对木材产业的特点，分析各种资源投入与配置的实际情况，找出中国木材产业不同资源投入与配置的运行规律。

在原始性资源方面，木材资源、劳动力和物质资本投入与配置表现出不同的特征。由于国内木材资源短缺，中国木材产业对进口材高度依赖。中国木材产业劳动力资源丰富，劳动力成本低廉，但是劳动力素质不高，劳动生产率较低。这在一定程度上抵消了劳动力的成本优势。并且随着中国经济的快速发展，劳动力的成本优势将逐步丧失。虽然物质资本投入规模逐步扩大，但是物质资本的配置效率较低。缺乏畅通的融资渠道和物质资本的低效率利用是造成这一现象的主要原因。

在创出性资源方面，技术资源、智力资本、金融资本投入与配置的现状，反映了中国木材产业创出性资源的特征。首先，中国木材产业技术资源投入不足，技术资源配制能力较弱；其次，木材产业智力资本存量低、结构不合理，但是开发的潜力大；第三，木材产业内源融资薄弱，权益融资缺乏，负债融资结构失衡。可见，中国木材产业在创出性资源的培育、投入与配置方面存在诸多亟待解决的问题。

**（二）资源基础与产业竞争力的关系**

虽然原始性资源和创出性资源都是产业发展必不可少的重要因素，但是不同类型的资源对产业竞争力的促进作用是具有显著差异的。因此，以何种资源为基础是形成产业竞争力的关键问题。首先，基于原始性资源的视角，原木进口的约束条件决定了中国无法支撑资源消耗型木质林产品出口的长期发展，基于劳动力比较优势的产业发展是不可持续的，物质资本受到边际收益递减规律的束缚对木材产业发展的贡献较为有限。因此，原始性资源在促进中国木材产业发展中具有明显的局限性。其次，基于创出性资源的视角考察，创出性资源具有价值量大、不可替代、难以模仿和衍生性强的特点，是形成木材产业可持续竞争力的源泉。因此，创出性资源在促进中国木材产业发展中的优越性显著。综上所述，创出性资源的优势可以充分弥补原始性资源的劣势，成为支撑中国木材产业可持续发展的基础。以创出性资源为主导的资源基础，是中国木材产业建立持久竞争优势的决定性因素。

**（三）木材产业资源基础的实证结论**

基于理论分析的研究成果，与原始性资源相比，创出性资源应当在产业竞争优势的构建中起主导作用，实证分析证明了这个结论。首先，对资源在中国木材产业发展中的贡献进行实证分析。利用 Cobb-Douglas 生产函数，计算出了中国木材产业各行业的生产要素弹性系数。在此基础上，采用索罗余值法，测算木材产业各行业的生产要素贡献率。根据实证结果，原始性资源对产业发展的贡献要大于创出性资源。其次，进一步测算各种创出性资源的变化趋势。采用数据包络分析法中的 Malmquist 生产率指数，计算造纸及纸制品业全要素生产率及其构成因子的变化，并据此，推断木材加工业和家具制造业全要素生产率的变化及其构成。通过对全要素生产率及其构成的实证分析，解析了中国木材产业创出性资源的变化规律，揭示出产业技术进步、生产管理与规模扩张之间存在发展不均衡的问题。由此得出，各种创出性资源在中国木材产业中发展不均衡，限制了创出性资源整体作用的发挥。再次，根据上述实证结果，以C—D模型的拓展式为依托，通过数理模型的变化，构造资源基础判定系数，测定了中国木材产业的资源基础。根据实证结果，中国木材产业三大行业平均的资源基础判定系数均低于1，从而得出结论：中国木材产业始终以原始性资源为主要推动力，仍处于以原始性资源为主导的发展阶段。

**（四）资源基础转换的必然性**

任何产业要想建立持久的竞争优势，就必须缩短甚至越过要素驱动阶段，积极向创新驱动阶段跃迁。产业成长阶段的跃迁实质上就是产业资源基础的转换，即由以原始性资源为主体驱动要素转向以创出性资源为主体驱动要素。对于尚处于原始性资源驱动阶段的中国木材产业来讲，只有摆脱对木材资源、劳动力、物质资本等原始性资源的过度依赖，把产业发展的驱动要素建立在技术进步、智力资本与金融资本等创出性资源的基础上，才能进入产业成长的高级阶段，形成可持续的产业竞争力。

资源基础转换不是用一种资源替代另一种资源。恰恰相反，每一种资源对于产业的发展都是必不可少的。但是，资源是产业驱动力的载体，不同性质的资源对于产业的驱动力具有显著差异。原始性资源对产业的驱动力是有限的，不能作为构建竞争优势的资源基础。而创出性资源可以为产业提供持久竞争力，能够作为产业长期、快速发展的主导因素。可以说，资源基础的转换是资源组合方式的转换，以何种资源为基础构建资源组合就意味着产业以何种方式进行驱动。实质上，资源基础转换是产业发展驱动力的转换，即从短期的、有限的驱动力转变为长期的、无限的驱动力。因此，资源基础转换是中国木材产业构建竞争优势的关键。

**（五）实现资源基础转换的条件要求**

中国木材资源基础转换思想的实践，需要从转换路径、制约因素和政策措施等方面提供必要的设计和保障。根据原始性资源与创出性资源的对应关系，具体提出资源基础转换的路径，即由劳动密集型向技术密集型转换，由人力资源向智力资本转换，由物质资本向智力资本转换，由一元融资向多元融资转换，由天然林材种为主向人工林材种为主转换，由规模不经济向规模经济转换。但是，资源基础转换是一项纷繁复杂的系统工程，涉及的环节多，覆盖的范围广，在实施的过程中必然受到诸多因素的制约。因此，针对中国木材产业的内部资源与外部环境，分别从技术进步、智力资本培育、融资渠道多元化和产业规模化经营等角度，深入分析制约木材产业资源基础转换的各种因素。在此基础上，针对存在的制约因素，从宏观和微观两个层面，提出木材产业资源基础转换的支持性政策体系。在资源基础转换实施的过程中，中国木材产业竞争力不断增强，产业竞争优势逐步形成，最终实现产业增长方式由粗放型向集约型的转变。

# 参考文献


1. 山世英，姜爱萍．中国水产品的比较优势和出口竞争力分析［J］．国际贸易问题，2005（5）：20～24.
2. 马喜珍．浅议民营企业中职业经理人的激励机制［J］．科学大众，2008（2）：148.
3. 中国木业国际网．俄罗斯提高原木进口关税的影响分析［J］．国际木业，2007（6）：10～11.
4. 中国造纸协会．中国造纸工业 2007 年度报告［J］．中华纸业，2008（11）：6～16.
5. 中国教育与人力资源问题报告课题组．从人口大国迈向人力资源强国——中国教育与人力资源问题报告辑要［J］．高等教育研究，2003（5）：1～14.
6. 王希迎，丁建臣，陆桂娟．房地产企业融资新解［M］．北京：中国经济出版社，2005：128.
7. 王亮．基于投资角度的广东经济增长方式研究［D］．广州：暨南大学，2007：48～49.
8. 王柳云，张水生，张文元．刍议林业企业人力资本积累［J］．林业经济问题，2002，22（1）：26～29.
9. 王晓红，王雪峰．高校科研投入产出关系中的边际收益递增现象［J］．哈尔滨工业大学学报，2006（4）：589～591.
10. 王晓鹏．劳动力成本对南京劳动密集型制造业的影响研究［D］．南京：南京航空航天大学，2007：2～3.
11. 王晓蕴．陕西省人力资本与经济增长关系的实证研究［D］．西安：西北大学，2008：35.
12. 王逢宝．影响当前我国经济增长方式根本性转变的原因及对策研究［D］．青岛：青岛大学，2007：17.
13. 王皓，陈先勇．我国人力资本流动机制建立的动力，制约因素及其对策［J］．计划与市场，1998（7）：19～20.
14. 邓红．人力资源与人力资本［J］．经营与管理，2007（4）：55～56.
15. 韦明，陈亚雯，于晶利．我国劳动力市场技工短缺的制度分析［J］．经济问题探索，2004（11）：38～40.
16. 冯宁宁．促进我国制造业企业技术战路和经营战略整合的若干建议［D］．北京：

北京交通大学，2007：20.
17. 包晓斌，操建华．中国木材市场分析及政策评述［J］．林业经济，2008（2）：24～29.
18. 左林丽．行业现状出口企业受重创［EB/OL］．［2008～12～03］．http：//www.xincaijing.com/Html/guanzhu/shehui/713744462056.html.
19. 田园．中国与发达国家木材产业内贸易研究［D］．北京：北京林业大学，2006：4.
20. 田东良，郝桂琴．提高科技成果转化率的措施分析［J］．农业科技管理，2008（4）：78～81.
21. 邝国良，唐汉清．论技术、技术扩散与经济增长［J］．特区经济，2006（12）：323～325.
22. 任远星．中小企业成长中的平衡关系［D］．郑州：郑州大学，2004：41.
23. 关培兰，刘学元．论人力资本市场的有效性及其构建［J］．江汉论坛，2000（7）：45～48.
24. 刘育峰．基于职业教育构建我国职业资格认证制研究［J］．辽宁教育研究，2006（7）：72～74.
25. 刘俊剑．信用风险规避对规范财务管理的依赖［J］．浙江金融，2004（5）：42～44.
26. 刘晓菲．民营中小企业外源融资空间的拓展［J］．企业改革与管理，2008（3）：7～8.
27. 刘智勇．人力资本、要素边际生产率与地区差异［D］．长沙：湖南大学，2008：76.
28. 印中华，田明华．中国大量进口木材的利弊分析．林业经济［J］，2006（9）：47～50.
29. 孙华．战略人力资源管理与企业竞争优势研究［J］．商场现代化，2007（20）：50～52.
30. 孙浩，朱远程．我国高等职业教育投融资方法刍议［J］．职教论坛，2006（5）：24～27.
31. 孙敬水，马淑琴．计量经济学［M］．北京：清华大学出版社，2004：342.
32. 庄启程，龚旻华，高维华．浅谈科技木与中国木材工业的可持续发展［J］．人造板通讯，2004（5）：26～28.
33. 权超．中国加快转变经济增长方式的障碍与对策分析［D］．天津：天津师范大学，2006：37～38.

34. 余建辉，刘燕娜，黄振胜．林业持续发展与人才培养［J］．林业经济问题，2000（6）：327～330.
35. 余明江．产业集聚的创新力与竞争力研究［J］．安徽农业大学学报（社会科学版），2005（10）：19～22.
36. 初叶萍．论技术创新与风险投资的关系［J］．商场现代化，2006（16）：253～254.
37. 宋京．开放经济下技术进步途径探析［J］．亚太经济，2004（4）：79～83.
38. 宋宝香，彭纪生．基于角色认知视角的民营企业家素质研究［J］．科技管理研究，2007（10）：224～226.
39. 宋晓梅．政府在人力资本发展中的职能创新［J］．内蒙古大学学报，2004，36（5）：25～29.
40. 宋维明，程宝栋．我国木材产业规模化经营战略性思考［J］．木材工业，2005（3）：1～2.
41. 宋维明．国际经营学基础［M］．北京：中国林业出版社，2003：111～112.
42. 张小兰，彭真善．企业联盟实现外部规模经济效应的分析［J］．经济问题，2004（3）：44～45.
43. 张凤林．人力资本理论及其应用研究［M］．北京：商务印书馆，2006：107～108.
44. 张志勇．物质资本与经济增长［J］．鲁行经院学报，2001（3）：5～6.
45. 张莉．我国木制品拓展国际市场策略分析［J］．林业经济，2008（8）：48～52.
46. 张银龙，俞元春，张金池．天然林保护依据的探讨［J］．南京林业大学学报，1999，23（2）：57～61.
47. 张景安．风险投资与中小企业技术创新研究［D］．大连：大连理工大学，2006：135.
48. 张聪群．知识溢出与产业集群技术创新［J］．技术经济，2005（11）：87～89.
49. 李宏，钱利，崇曦农．试论技术引进与我国自主创新发展战略［J］．现代财经，2007，27（12）：62～66.
50. 李建民．中国劳动力市场多重分隔及其劳动力供求关系［J］．中国人口科学，2002（2）：1～7.
51. 李拓辰．我国高新技术产业制约因素与发展对策研究［J］．改革与战略，2007，23（12）：117～119.
52. 李相钊．延边林产工业发展战略研究［D］．延边：延边大学，2005：5.
53. 李晓平．职业技能开发是提高劳动者素质的重要途径［J］．科技进步与对策，2002（7）：190～191.
54. 李雪．企业呼吁提高板材出口退税率［N］．北京商报，2008-12-9（2）.

55. 李晶. 劳动力资源在全要素生产率中的贡献研究［D］. 青岛：青岛大学，2007：11～12.
56. 李智勇. 论技术创新对中国外贸国际竞争力的推动［J］. 江苏商论，2003（12）：46～47.
57. 李路江. 论人力资源与物质资本的融合［D］. 长春：吉林大学，2005：23.
58. 李韵怡. 中国人力资本与经济增长关系分析［D］. 广州：暨南大学，2007：26.
59. 杜鹃. 中国的人口素质与人力资源开发［J］. 人口与经济，2006（S1）：12～14.
60. 杨长峰. 东北国有林区林产工业产业重构研究［D］. 哈尔滨：东北林业大学，2007：13.
61. 杨红强，聂影. 中国木材供需矛盾与原木进口结构分析［J］. 世界农业，2008（7）：53～56.
62. 杨国福. 岗位轮换：企业内部员工合理的横向流动［J］. 中国人力资源开发，2005（10）：46～50.
63. 杨建新. 中国中小企业融资现状、问题和对策研究［D］. 昆明理工大学，2003：83.
64. 杨晓舫. 加快产权交易市场建设的建议［J］. 中国科技投资，2008（3）：53～55.
65. 汪星明. 技术引进：理论 战略 机制［M］. 北京：中国人民大学出版社，1999：5.
66. 汪荣伟. 经济增长中的非物质资本因素分析［J］. 理论与当代，1999（9）：12～13.
67. 汪蕾. 浙江民营企业技术进步途径及相关因素研究［D］. 杭州：浙江大学，2005：113～114.
68. 沈文星. 木材加工产业发展制度创新研究［D］. 南京：南京林业大学，2005：50.
69. 苏文坤. 企业人力资源开发体系研究［J］. 商场现代化，2007（6）：243～244.
70. 邹旭芳. 规模经济与企业的自主创新能力关系研究［J］. 商业研究，2008（10）：4～6.
71. 陈丽红. 非显著规模经济性产业实现规模经济的研究［D］. 长沙：长沙理工学院，2007：10.
72. 周劲松，李怡. 高等职业教育经费投入现状分析及对策研究［J］. 教育与职业，2007（35）：11～13.
73. 国家林业局. 2005 年中国林业统计年鉴［M］. 北京：中国林业出版社，2006：140.
74. 国家林业局. 2006 年中国林业发展报告［M］. 北京：中国林业出版社，2006：104～130.

75. 国家林业局. 俄推迟明年提高原木出口关税 [EB/OL]. [2008~12~30]. http://www.forestry.gov.cn/distribution/2008/12/30/mcjg~2008~12~30~58.html.
76. 国家统计局. 中国统计年鉴 [M]. 北京：中国统计出版社，2007：121~124.
77. 庞艳桃. 论知识经济时代的收益递增规律 [J]. 现代管理科学，2005 (1)：63.
78. 易丹辉. 数据分析与 Eviews 应用 [M]. 北京：中国统计出版社，2002：202~204.
79. 罗瑶琦. 企业财务危机的成因及治理 [J]. 经济问题，2004 (7)：79~80.
80. 苗淑娟. 融资方式对新创企业绩效的影响研究 [D]. 长春：吉林大学，2007：173.
81. 郑秀杰，董丽英. 中国国有企业融资能力——演化路径与影响因素 [J]. 工业技术经济，2006 (1)：136~138.
82. 金碚. 中国工业国际竞争力——理论、方法和实证研究 [M]. 北京：经济管理出版社，1997：31.
83. 金镝. 边际收益递减律与规模收益率 [J]. 企业研究，1997 (2)：39~40.
84. 保建云. 论人力资本投资的研究难点、障碍与对策 [J]. 唐都学刊，2000 (3)：85~89.
85. 保罗·萨缪尔森. 经济学 [M]. 北京：商务印书馆，1979：41.
86. 姜向阳，刘永红，黄启见. 我国企业技术进步的现实障碍及其遏制对策 [J]. 价值工程，2004 (5)：4~6.
87. 施金影. 中小企业融资问题探讨 [J]. 财会研究，2007 (1)：53~55.
88. 施蒂格勒. 经济学 [M]. 梁小民，黄险峰，译. 北京：中国人民大学出版社，2000：246.
89. 段琳. 论企业负债结构及其优化 [J]. 企业经济，2004 (6)：134~135.
90. 段新芳. 俄罗斯木材贸易及其加工利用技术 [M]. 北京：中国建材工业出版社，2008：389.
91. 洪振挺. 基于融资能力的房地产企业竞争力 [D]. 广州：广东省社会科学院，2007：22.
92. 胡凤霞. 人力资本流动投资存在的问题及对策 [J]. 现代企业，2006 (4)：47~48.
93. 胡水清. “民工荒”现象的人力资本分析及其哲学思考 [D]. 成都：四川师范大学，2007：23~25.
94. 胡瑞文. 影响我国教育公平与质量提升的教育经费缺口分析 [J]. 教育发展研究，2007 (11A)：1~6.
95. 钮明. 中小企业融资难成因分析 [J]. 金融理论与实践，2005 (1)：24~26.

96. 倪燕．我国汽车工业技术进步研究［D］．合肥：合肥工业大学，2006：43～44.
97. 徐晓峰．商业银行对中小企业贷款的问题研究［D］．青岛：中国海洋大学，2006：33～34.
98. 耿玉德．林业产业化研究［D］．哈尔滨：东北林业大学，2002：19.
99. 郭绍芳．浅论人力资源开发［J］．理论探索，2005（3）：62～64.
100. 郭涛．中国中小企业融资问题研究［D］．广州：暨南大学，2003：11.
101. 高立英．采伐限额制度成本分析．林业经济问题［J］，2007（5）：426～428.
102. 高铁梅．计量经济分析方法与建模［M］．北京：清华大学出版社，2006：304～305.
103. 高鸿业．西方经济学［M］．北京：中国人民大学出版社，2003：68～151.
104. 崔建华．中国现阶段人力资本配置的制度约束与制度创新［J］．科学管理研究，2007（4）：100～103.
105. 盛爱云．对企业人力资源资本化的再认识［J］．江苏商论，2008（5）：129～130.
106. 黄乾．人力资本产权：形成中的人力资本市场分析［J］．财经论丛，2002（1）：8～12.
107. 曾振志．经济增长方式转变中的金融政策研究［D］．长沙：湖南大学，2001：25～26.
108. 曾晓．加速人力资源向人力资本的转化［J］．上海经济研究，2006（7）：47～53.
109. 程宝栋，宋维明．中国木材产业安全研究［M］．北京：中国林业出版社，2007：113～115.
110. 程宝栋．中国木材产业安全研究：基于产业国际竞争力的考察［D］．北京：北京林业大学，2007：2，123.
111. 谢富纪．技术进步及其评价［M］．上海：上海科学教育出版社，2004：160～161.
112. 韩美玲，杨平．企业在负债经营中存在的问题及对策［J］．商业研究，2002（6）：96～97.
113. 滕德琼．中小企业权益融资与风险投资互动研究［D］．成都：西南财经大学，2006：59～60.
114. 潘晓雨．我国火力发电生产率的实证研究—Malmquist 生产率指数在电力工业中的运用［D］．南京：东南大学，2005：29～30.
115. 潘晨光，李萌，娄伟．中国职业技术教育的发展与挑战——基于全国 32 所职业院校的调查［J］．中国人口科学，2007（2）：52～60.

116. 穆瑞杰. 增强产业竞争力的技术创新战略 [J]. 经济经纬，2007 (5)：40 -42.
117. Amit R, Schoemaker P J H. Strategic assets and organizational rent [J]. Stategic Management Journal, 1993 (1): 33 ~46.
118. Banker R D. Estimating most productive scale size using data envelopment analysis [J]. European Journal of Operational Research, 1984 (1): 35 ~44.
119. Barney J B. Firm resources and sustained competitive advantage [J]. Journal of Management, 1991 (1): 99 ~120.
120. Bruce M, Philip W. Unstat trade data as basis for analysis and projection of forests products trade flows [R]. Torikatu: European Forest Institute, 1998: 1 ~5.
121. Buck A, Burger B, Wolfrum G. Forest Research: Challenges and Concepts in a Changing World [R]. Vienna: International Union of Forest Research Organizations, 2002: 5 ~6.
122. Caves D W, Christensen L R, Diewert W E. The economic theory of index numbers and the measurement of input, output and productivity [J]. Econometrica, 1982 (6): 1393 ~1414.
123. Collis D J, Montgomery C A. Competing on resources: Strategy in the1990s [J]. Harvard Business Review, 1995 (4): 118 ~128.
124. Dierickx I, Cool K. Asset stock accumulation and sustainability of competitive advantage [J]. Management Science, 1989 (12): 1504 ~1514.
125. Fëre R, Grosskopf S, Norris M, et al. Productivity growth, technical progress, and efficiency change in industrialized countries [J]. American Economic Review, 1994 (1): 66 ~83.
126. Gan J B. Effects of China' s WTO Accession on Global Forest Product Trade [J]. Journal of Forest Policy and Economics, 2004 (6): 509 ~519.
127. Grant R M. The resource-based theory of competitive advantage [J]. California Management Review, 1991 (3): 114 ~135.
128. Hall R. The strategic analysis of intangible resources [J]. Strategic Management Journal, 1992 (2): 135 ~139.
129. Heckscher E. The Effect of Foreign Trade on the Distribution of Income [J]. Ekonomisk Tidskrift, 1919 (2): 1 ~32.
130. Katsigris E, Bull G Q. The China forest products trade: overview of Asia-Pacific supplying countries, impacts and implications [J]. International Forestry Review, 2004 (6): 3 ~4.

131. Lev B. Intangibles: Management, Measurement, and Reporting [M]. Washington D C: Brookings Institution Press, 2001: 21 ~ 22.

132. Lippman S A, Rumelt B P. Uncertain imitability: an analysis of inter-firm differences in efficiency under competition [J]. Bell Journal of Economics, 1982 (3): 418 ~ 438.

133. Lucas R E. On the Mechanics of Economic Development [J]. Journal of Monetary Economics, 1988 (1): 3 ~ 42.

134. McKinnon R I. Money and Capital in Economic Development [M]. Washington D C: Brookings Institution Press, 1973: 68 ~ 70.

135. Michalisin M D, Smith R F, Kline D M. In search of strategic assets [J]. The International Journal of Organizational Analysis, 1997 (4): 60 ~ 87.

136. Mogaka H, Simons G, Turpie J, et al. Economic Aspects of Community Involvement in Sustainable Forest Management in Eastern and Southern Africa [R]. Geneva: The World Conservation Union, 2001: 3 ~ 9.

137. Nelson R R, Edmund S P. Investment in Humans, Technological Diffusion, and Economic Growth [M]. American Economic Review, 1956: 69 ~ 75.

138. Ohlin B. Interregional and International Trade [M]. Cambridge: Harvard University Press, 1933: 92 ~ 98.

139. Peck T. The International Timber Trade [M]. Cambridge: Woodhead Publishing Limited, 2001: 4 ~ 6.

140. Penrose E T. The theory of the growth of the firm [M]. London: Oxford University Press, 1959: 253 ~ 260.

141. Peteraf M A. The cornerstones of competitive advantage: A resource-based view [J]. Strategic Management Journal, 1993 (3): 179 ~ 191.

142. Prahalad C K, Hamel G. The Core Competence of the Corporation [J]. Harvard Business Review, 1990 (4): 79 ~ 91.

143. Rajan R G, Zingales L. Financial Dependence and Growth [J]. The American Economic Review, 1998 (3): 559 ~ 586.

144. Shepherd R W. Theory of Cost and Production Functions [M]. Princeton: Princeton University Press, 1970: 61 ~ 63.

145. Solow R M. Technical change and the aggregate production function [J]. The Review of Economics and Statistics, 1957 (3): 312 ~ 320.

146. Tollefson C. The Wealth of Forests: Markets, Regulation and Sustainable Forestry [M]. Vancouver: University of British Columbia Press, 1999: 203 ~ 211.

147. Tumaneng-Diete T, Ferguson I S, Maclaren D. Log export restrictions and trade policies in the Philippines: bane or blesing to sustainable forest management [J]. Journal of Forest Policy and Economics, 2005 (7): 187 ~ 198.

148. Wernerfelt B. A resource-based view of the firm [J]. Strategic Management Journal, 1984 (2): 171 ~ 180.

149. Wurgler J. Financial markets and the allocation of capital [J]. Journal of Financial Economics, 2000 (8): 187 ~ 214.